# A*List
# VOCA
## 초등 기본

A*List

# How to Use 이 책의 구성과 특징

1. **새 교육과정 초등 필수 어휘와 교과서 및 ELT 교재 빈출 어휘 완벽 반영**
   DAY별로 12개의 단어와 1개의 숙어를 가장 효과적으로 암기할 수 있는 8주 완성 학습 플랜을 제시합니다.

2. **연상 암기가 가능한 직관적인 사진과 삽화**
   단어를 확실하게 각인시키는 직관적인 사진과 삽화로 쉽고 재미있게 공부할 수 있습니다.

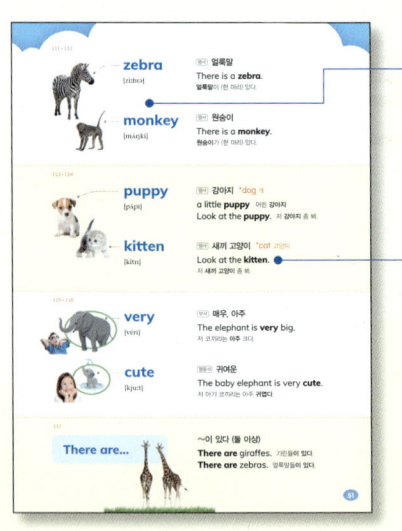

3. **연관성 높은 단어들을 2개씩 짝지어 외우는 주제별 구성**
   주제별로 연관된 어휘끼리 짝지어 학습하면 더 쉽고 빠르게 단어를 암기할 수 있습니다.

4. **앞서 배운 단어들로 차곡차곡 Build Up 해 나가는 활용도 높은 예문**
   자연스러운 반복 학습으로 단어의 쓰임새와 기초 핵심 문장의 틀을 완벽하게 익힐 수 있습니다.

 **QR코드로 바로 듣는 MP3**
각 DAY별 어휘의 발음과 뜻, 예문을 바로 듣고 따라 읽으며 소리로도 익힐 수 있는 QR코드 삽입

 **QR코드로 바로 연결되는 어휘 학습앱**
표지의 QR코드를 통해 어휘 학습이 가능한 앱으로 바로 연결

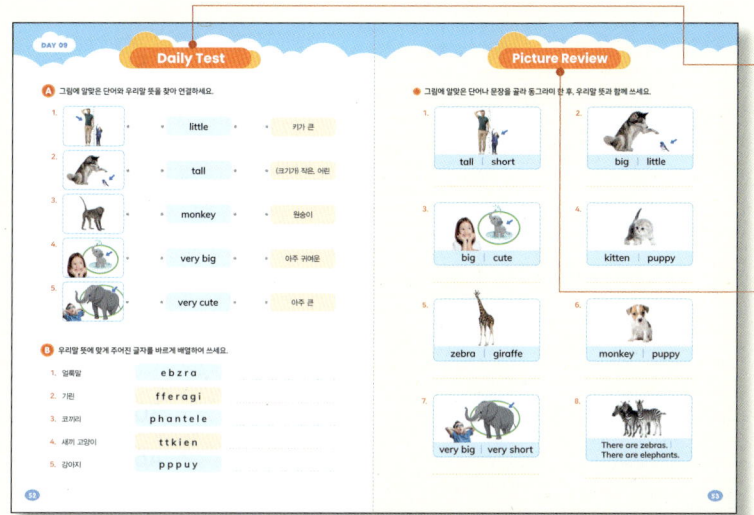

**5 학습한 어휘를 완벽하게 점검할 수 있는 Daily Test**

오늘 배운 단어를 문제를 통해 확인하며 얼마나 외웠는지 스스로 점검할 수 있습니다.

**6 효과적인 반복 학습이 가능한 Picture Review**

이미지를 통해 연상작용을 극대화하고, 단어와 뜻을 써 보며 배운 단어를 오래 기억할 수 있습니다.

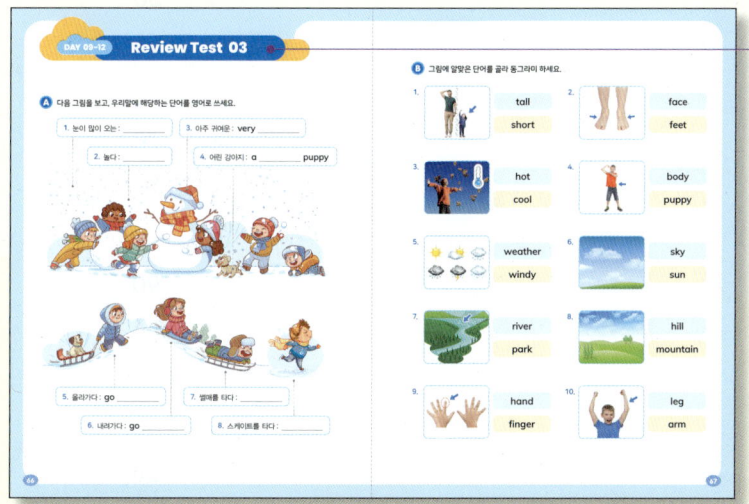

**7 누적된 어휘를 반복 확인할 수 있는 Review Test**

4일차를 학습한 후 뜻과 철자, 유의어, 반의어, 숙어 등에 관한 다양한 문제를 풀어 보며 누적된 어휘를 반복 확인할 수 있습니다.

**8 쓰면서 암기하는 어휘 쓰기장**

**9 휴대하며 암기하는 어휘 암기장**

DAY별 어휘를 쓰면서 학습할 수 있는 〈어휘 쓰기장〉과 간편하게 휴대하며 외울 수 있는 〈어휘 암기장〉으로 단어를 더 오래 기억할 수 있습니다.

# Contents 차례

| | |
|---|---|
| 학습 계획표 | 5 |
| 발음 기호 | 6 |
| 품사 | 8 |
| **DAY 01-04** | 10 |
| Review Test 01  DAY 01-04 | 26 |
| **DAY 05-08** | 30 |
| Review Test 02  DAY 05-08 | 46 |
| **DAY 09-12** | 50 |
| Review Test 03  DAY 09-12 | 66 |
| **DAY 13-16** | 70 |
| Review Test 04  DAY 13-16 | 86 |
| **DAY 17-20** | 90 |
| Review Test 05  DAY 17-20 | 106 |
| **DAY 21-24** | 110 |
| Review Test 06  DAY 21-24 | 126 |
| **DAY 25-28** | 130 |
| Review Test 07  DAY 25-28 | 146 |
| **DAY 29-32** | 150 |
| Review Test 08  DAY 29-32 | 166 |
| ANSWER KEY | 171 |
| INDEX | 197 |

# Study Planner 학습 계획표

 **하루에 1 DAY씩 8주 완성**
각 DAY별로 학습한 날짜를 써 나가며 단어 실력을 키워 봅시다.

| Week 1 | DAY 01 | DAY 02 | DAY 03 | DAY 04 | Review Test 01 |
|---|---|---|---|---|---|
| 1차 학습일 | | | | | |
| 2차 학습일 | | | | | |

| Week 2 | DAY 05 | DAY 06 | DAY 07 | DAY 08 | Review Test 02 |
|---|---|---|---|---|---|
| 1차 학습일 | | | | | |
| 2차 학습일 | | | | | |

| Week 3 | DAY 09 | DAY 10 | DAY 11 | DAY 12 | Review Test 03 |
|---|---|---|---|---|---|
| 1차 학습일 | | | | | |
| 2차 학습일 | | | | | |

| Week 4 | DAY 13 | DAY 14 | DAY 15 | DAY 16 | Review Test 04 |
|---|---|---|---|---|---|
| 1차 학습일 | | | | | |
| 2차 학습일 | | | | | |

| Week 5 | DAY 17 | DAY 18 | DAY 19 | DAY 20 | Review Test 05 |
|---|---|---|---|---|---|
| 1차 학습일 | | | | | |
| 2차 학습일 | | | | | |

| Week 6 | DAY 21 | DAY 22 | DAY 23 | DAY 24 | Review Test 06 |
|---|---|---|---|---|---|
| 1차 학습일 | | | | | |
| 2차 학습일 | | | | | |

| Week 7 | DAY 25 | DAY 26 | DAY 27 | DAY 28 | Review Test 07 |
|---|---|---|---|---|---|
| 1차 학습일 | | | | | |
| 2차 학습일 | | | | | |

| Week 8 | DAY 29 | DAY 30 | DAY 31 | DAY 32 | Review Test 08 |
|---|---|---|---|---|---|
| 1차 학습일 | | | | | |
| 2차 학습일 | | | | | |

# Phonetic Symbols 발음 기호

우리말과 달리 영어는 같은 알파벳이라도 단어에 따라 다르게 발음되는 경우가 많습니다. 그래서 단어 안에서 철자가 어떻게 소리 나는지를 기호로 표시하는데, 이것을 발음 기호라고 합니다.

발음 기호를 알고 있으면 모르는 단어라도 정확한 발음을 낼 수 있습니다. 아래의 표에서 발음 기호를 확인하고, QR코드를 찍어서 원어민의 발음을 따라 연습해 보세요.

## 모음

🔊 **단모음:** 짧게 소리 내는 모음

| 발음 기호 | [ɑ] | [e] | [i] | [u] | [ɔ] | [ʌ] | [ə] | [æ] | [ɛ] |
|---|---|---|---|---|---|---|---|---|---|
| 비슷한 소리 | 아 | 에 | 이 | 우 | 오/어 | 어 (강하게) | 어 (짧게) | 애 | 에 |
| 듣기 | QR | QR | QR | QR | QR | QR | QR | QR | QR |
| 예시 | box | egg | kid | book | fog | sun | about | apple | air |

🔊 **장모음:** 길게 소리 내는 모음 (장모음은 모음에 ː를 붙여서 표시합니다.)

| 발음 기호 | [ɑː] | [iː] | [uː] | [əː] | [ɔː] | [ei] | [ai] |
|---|---|---|---|---|---|---|---|
| 비슷한 소리 | 아- | 이- | 우- | 어- | 오/어- | 에이- | 아이- |
| 듣기 | QR | QR | QR | QR | QR | QR | QR |
| 예시 | father | see | food | earth | frog | make | hide |

## 자음

🔊 **유성자음:** 발음할 때 목이 떨리는 자음

| 발음기호 | [b] | [d] | [m] | [n] | [r] | [l] | [z] | [ʒ] |
|---|---|---|---|---|---|---|---|---|
| 비슷한 소리 | ㅂ | ㄷ | ㅁ | ㄴ | ㄹ | ㄹ | ㅈ | 쥐 |
| 듣기 | QR | QR | QR | QR | QR | QR | QR | QR |
| 예시 | ball | dog | my | nut | robot | lion | zero | television |

| 발음기호 | [dʒ] | [ð] | [g] | [v] | [h] | [ŋ] | [j] | [w] |
|---|---|---|---|---|---|---|---|---|
| 비슷한 소리 | 즈/쥐 (강하게) | ㄷ | ㄱ | ㅂ | ㅎ | ㅇ (받침) | 이 | 우 |
| 듣기 | QR | QR | QR | QR | QR | QR | QR | QR |
| 예시 | giraffe | mother | go | van | hat | king | yes | web |

🔊 **무성자음:** 발음할 때 목이 떨리지 않는 자음

| 발음기호 | [p] | [f] | [θ] | [s] | [ʃ] | [k] | [t] | [tʃ] |
|---|---|---|---|---|---|---|---|---|
| 비슷한 소리 | ㅍ | ㅍ/ㅎ | 쓰/뜨 | ㅅ | 쉬 | ㅋ | ㅌ | 츠/취 |
| 듣기 | QR | QR | QR | QR | QR | QR | QR | QR |
| 예시 | pig | fan | thumb | sea | shoe | key | tiger | chair |

# Parts of Speech 품사

영어 단어는 문장에서의 역할이나 쓰임에 따라 8가지 종류로 나뉘는데, 이것을 품사라고 합니다.
8개의 품사에는 명사, 대명사, 동사, 형용사, 부사, 전치사, 접속사, 감탄사가 있습니다.

### 대명사
명사를 대신해서 쓰는 말

I 나, you 너, he 그, she 그녀,
they 그들, we 우리 등

### 명사
사람, 사물, 동물 등의 이름을 나타내는 말

Tom 톰, bird 새, tree 나무, apple 사과,
mom 엄마, dad 아빠 등

**I** see a **bird**.

나는 / 본다 / 새를.

I **see** a **blue** bird.

나는 / **본다** / **파란** 새를.

### 동사
움직임이나 상태를 나타내는 말

see 보다, run 달리다, play 놀다,
am 이다, are 이다 등

### 형용사
명사를 꾸며 주거나 설명하는 말

blue 파란, big 큰, small 작은,
happy 행복한, sad 슬픈 등

### 접속사
단어와 단어, 구와 구, 문장과 문장을 연결해 주는 말

and 그리고, but 그러나, or 또는, because …때문에 등

### 전치사
명사나 대명사 앞에 와서 시간, 위치, 방향, 소유 등을 나타내는 말

in ~안에, on ~위에, under ~아래, behind ~뒤에 등

Tom **and** Tim are **in** the park.

톰과 팀은 / 있다 / 공원에.

**Wow!** They run **very fast**!

우와! / 그들은 / 달린다 / 아주 빨리!

### 감탄사
기쁨, 슬픔, 놀람 등의 감정을 나타내는 말

Oh! 오!, Wow! 우와!, Oops! 저런!, Aha! 아하! 등

### 부사
동사, 형용사, 그리고 부사 등을 꾸며 주는 말

very 매우, fast 빠르게, well 잘, slowly 느리게 등

# DAY 01

학습일:   월   일

**Listen & Say** 1 2 3

001 · 002

### hello
[helóu]

감탄사 **안녕** (만났을 때 하는 인사)   = hi

**Hello**!
안녕!

### bye
[bai]

감탄사 **잘 가** (헤어질 때 하는 인사)   = goodbye

**Bye**, Jenny.
잘 가, 제니야.

003 · 004

### I
[ai]

대명사 **나**

Hi. **I** am Tom.
안녕. 나는 톰이야.

### you
[ju]

대명사 **너, 너희**

Oh, **you** are Tom.   오, 네가 톰이구나.
How are **you**?   안녕? (너) 어떻게 지내니?

005 · 006

### my
[mai]

형용사 **나의, 내**

**my** name   내 이름

### your
[jər]

형용사 **너의, 네**

**your** name   네 이름

007 • 008

**boy**
[bɔi]

명사 남자아이, 소년
I am a **boy**.
나는 남자아이야.

**girl**
[gəːrl]

명사 여자아이, 소녀
I am a **girl**.
나는 여자아이야.

009 • 010

**name**
[neim]

명사 이름
My **name** is Lisa.
내 이름은 리사야.

**friend**
[frend]

명사 친구
My **friend** is Kate.
내 친구는 케이트야.

011 • 012

**who**
[huː]

대명사 누구
**Who** are you?
너는 누구니?

**what**
[hwət]

대명사 무엇
**What**'s your name? 네 이름은 뭐니?
*What's = What is

013

**best friend**

가장 친한 친구, 단짝 친구
my **best friend**   나의 단짝 친구
You are my **best friend**.
너는 내 가장 친한 친구야.

# DAY 01 — Daily Test

**A** 그림에 알맞은 단어와 우리말 뜻을 찾아 연결하세요.

1.  • • boy • 여자아이
2.  • • girl • 남자아이
3.  • • friend • 친구
4.  • • my name • 너의 이름
5.  • • your name • 내 이름

**B** 우리말 뜻에 맞게 주어진 글자를 바르게 배열하여 쓰세요.

1. 안녕 — l o h e l  _____
2. 잘 가 — d g o o e y b  _____
3. 친구 — e f r n d i  _____
4. 무엇 — a t w h  _____
5. 누구 — h o w  _____

# Picture Review

● 그림에 알맞은 단어나 표현을 골라 동그라미 한 후, 우리말 뜻과 함께 쓰세요.

1. I | (you)
   you 너

2. friend | name

3. what | who

4. hello | girl

5. boy | bye

6. my | your

7. my friend | my name

8. best friend | goodbye

# DAY 02

학습일:    월    일

## Listen & Say 1 2 3

014 · 015

### this
[ðis]

대명사 1. 이것  2. 이 사람
What is **this**? 이것은 무엇이니?
Who is **this**? 이 사람은 누구일까?

### that
[ðæt]

대명사 1. 저것  2. 저 사람
What is **that**? 저것은 뭐니?
Who is **that**? 저 사람은 누구니?

016 · 017

### mom
[mɑm]

명사 엄마  유의어 mother 어머니
This is my **mom**.
이 사람은 우리 **엄마**야.

### dad
[dæd]

명사 아빠  유의어 father 아버지
This is my **dad**.
이 사람은 우리 **아빠**야.

018 · 019

### grandma
[grǽndmàː]

명사 할머니  유의어 grandmother 할머니
This is my **grandma**.
이분은 우리 **할머니**야.

### grandpa
[grǽndpàː]

명사 할아버지  유의어 grandfather 할아버지
This is my **grandpa**.
이분은 우리 **할아버지**야.

020 • 021

## she
[ʃiː]

[대명사] 그녀, 그 여자

Who is **she**? 그녀는 누구니?
**She** is my mom. 그녀는 우리 엄마야.

## he
[hiː]

[대명사] 그, 그 남자

Who is **he**? 그 남자분은 누구니?
**He** is my grandpa. 그분은 우리 할아버지야.

---

022 • 023

## sister
[sístər]

[명사] 언니, 누나, 여동생 (여자 형제)

Is she your **sister**?
그녀는 너희 누나니?

## brother
[brʌ́ðər]

[명사] 오빠, 형, 남동생 (남자 형제)

Is he your **brother**?
그는 너희 형이니?

---

024 • 025

## baby
[béibi]

[명사] 아기

my **baby** 나의 아기, 우리 아기
my **baby** sister 내 막내(아기) 여동생

## family
[fǽməli]

[명사] 가족

my **family** 나의 가족, 우리 가족

---

026

## This is...

이 사람은 ~이다 (사람을 소개할 때)

**This is** my brother. 이 사람은 내 남동생이야.
**This is** my family. 이것은 우리 가족이야.

# DAY 02

## Daily Test

**A** 그림에 알맞은 단어와 우리말 뜻을 찾아 연결하세요.

1.  • • grandma • • 언니
2.  • • baby • • 할머니
3.  • • sister • • 우리 아빠
4.  • • my dad • • 우리 가족
5.  • • my family • • 아기

**B** 우리말 뜻에 맞게 주어진 글자를 바르게 배열하여 쓰세요.

1. 오빠, 형, 남동생     t h e r o b r     _____
2. 할아버지           p a n d g r a     _____
3. 가족              l y f a m i       _____
4. 이것, 이 사람       s i t h           _____
5. 저것, 저 사람       a t t h           _____

## Picture Review

● 그림에 알맞은 단어나 문장을 골라 동그라미 한 후, 우리말 뜻과 함께 쓰세요.

1.
this | that

2.
this | that

3.
grandma | grandpa

4.
he | she

5.
baby | bye

6.
friend | family

7.
brother | sister

8.
This is my mom. | This is my dad.

# DAY 03

학습일:     월     일

**Listen & Say** 1 2 3

027 • 028

### can
[kæn]

조동사 ~할 수 있다

Yes, I **can**!
응. 난 할 수 있어!

### can't
[kænt]

조동사 ~할 수 없다   = cannot

No, I **can't**.
아니, 난 못 해.

029 • 030

### sing
[sɪŋ]

동사 노래하다

I can **sing**.
나는 노래할 수 있어.

### dance
[dæns]

동사 춤을 추다   명사 춤

I can **dance**.
나는 춤을 출 수 있어.

031 • 032

### jump
[dʒʌmp]

동사 점프하다, 뛰어오르다

I can **jump**.
나는 뛰어오를 수 있어.

### jump rope
[dʒʌmp roup]

동사 줄넘기를 하다   명사 줄넘기, 줄넘기 줄

I can **jump rope**.
나는 줄넘기를 할 수 있어.

033 · 034

## walk
[wɔːk]

동사 걷다

I can **walk**.
나는 **걸을** 수 있어.

## run
[rʌn]

동사 뛰다, 달리다

I can **run**.
나는 **달릴** 수 있어.

035 · 036

## fly
[flai]

동사 (하늘을) 날다

Can you **fly**? 너는 하늘을 **날** 수 있니?
Yes, I can **fly**. 응, 나는 **날** 수 있어.

## swim
[swim]

동사 수영하다, 헤엄치다

Can you **swim**? 너는 **수영할** 수 있니?
No, I can't **swim**. 아니, 나는 **수영** 못 해.

037 · 038

## we
[wi]

대명사 우리

**We** are friends.
**우리**는 친구야.

## they
[ðei]

대명사 그들, 그것들

Who are **they**? **그들**은 누구니?
**They** are my friends. **그들**은 내 친구들이야.

039

## Let's...

(우리) ~하자 (권유하거나 제안할 때)

**Let's** run. 달리자.
**Let's** dance. 춤추자.

# DAY 03 — Daily Test

**A** 그림에 알맞은 단어와 우리말 뜻을 찾아 연결하세요.

1.
2.
3.
4.
5.

- run — 줄넘기를 하다
- jump rope — 달리다
- fly — 수영하다
- swim — (하늘을) 날다
- sing — 노래하다

**B** 우리말 뜻에 맞게 주어진 글자를 바르게 배열하여 쓰세요.

1. 그들, 그것들 — t e h y
2. 걷다 — l k w a
3. 뛰어오르다 — j m u p
4. 수영하다 — m i s w
5. 춤을 추다 — n c e d a

## Picture Review

● 그림에 알맞은 단어나 문장을 골라 동그라미 한 후, 우리말 뜻과 함께 쓰세요.

1.
   can | can't

2.
   can | can't

3.
   jump | jump rope

4.
   sing | dance

5.
   fly | walk

6.
   we | they

7.
   I can swim. | I can't swim.

8.
   Let's run. | Let's sing.

21

# DAY 04

학습일:　　월　　일

**Listen & Say** ① ② ③

---

040 • 041

### farm
[fɑːrm]

[명사] 농장　[명사] **farmer** 농부

This is a **farm**.
이것은 **농장**이야.

### animal
[ǽnəməl]

[명사] **동물**

They are farm **animals**.
그들은 농장 **동물들**이야.

---

042 • 043

### see
[siː]

[동사] 보다, (눈에) 보이다

What do you **see**?　무엇이 **보이니**?
I **see** animals.　동물들이 **보여**.

### like
[laik]

[동사] **좋아하다**

I **like** animals.
나는 동물들을 **좋아한다**.

---

044 • 045

### dog
[dɔːg]

[명사] 개

I see a **dog**.
나는 **개**를 봐(**개**가 보여).

### cat
[kæt]

[명사] 고양이

I see a **cat**.
나는 **고양이**를 봐(**고양이**가 보여).

### chicken
[tʃíkən]

[명사] 닭

I see a **chicken**.
나는 **닭**을 봐(**닭**이 보여).

### duck
[dʌk]

[명사] 오리

I see a **duck**.
나는 **오리**를 봐(**오리**가 보여).

### cow
[kau]

[명사] 암소, 젖소

This is a **cow**.
이것은 **젖소**야.

### pig
[pig]

[명사] 돼지

This is a **pig**.
이것은 **돼지**야.

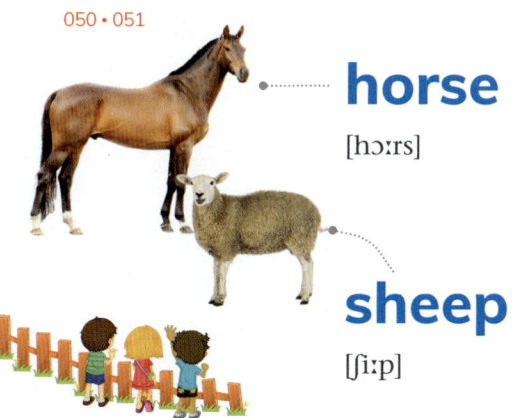

### horse
[hɔːrs]

[명사] 말

That is a **horse**.
저것은 **말**이야.

### sheep
[ʃiːp]

[명사] 양

That is a **sheep**.
저것은 **양**이야.

### farm animals

농장 동물들, 가축들

I see **farm animals**. 나는 **가축들**을 본다.
I like **farm animals**. 나는 **가축들**을 좋아한다.

23

# DAY 04

## Daily Test

**A** 그림에 알맞은 단어와 우리말 뜻을 찾아 연결하세요.

1.    •   • farm •   • 농장

2.    •   • duck •   • 암소, 젖소

3.    •   • cow •   • 오리

4.    •   • sheep •   • 가축들

5.    •   • farm animals •   • 양

**B** 우리말 뜻에 맞게 주어진 글자를 바르게 배열하여 쓰세요.

1. 보다       e e s

2. 동물       a m a l n i

3. 닭        c k c h i e n

4. 말        h e o r s

5. 좋아하다    i k l e

# Picture Review

● 그림에 알맞은 단어나 문장을 골라 동그라미 한 후, 우리말 뜻과 함께 쓰세요.

1.
dog | pig

2.
farm | animal

3.
cow | pig

4.
chicken | duck

5.
horse | sheep

6.
see | sheep

7.
I see a cow. | I see a duck.

8.
This is a cat. | That is a cat.

# Review Test 01

DAY 01-04

**A** 다음 그림을 보고, 우리말에 해당하는 단어를 영어로 쓰세요.

1. 가족 : _____

2. 오빠 : _____

3. 단짝 친구 : best _____

4. 줄넘기를 하다 : _____

5. 농장 : _____

6. (하늘을) 날다 : _____

7. 농장 동물들 : farm _____

8. 말 : _____

**B** 그림에 알맞은 단어를 골라 동그라미 하세요.

1.  who / what

2. hello / bye

3.  girl / boy

4. swim / sing

5.  I / we

6. we / they

7.  duck / dance

8. family / friend

9.  grandma / grandpa

10.  he / she

**C** 그림을 보고, 빈칸에 알맞은 단어를 넣으세요.

1.  This is my _____.

2.  Let's _____.

3.  I see a _____.

4.  I like _____.

**D** 우리말과 같은 뜻이 되도록 빈칸에 알맞은 단어를 넣으세요.

1. 내 이름         my _____
2. 내 단짝 친구    my best _____
3. 네 여동생       your _____
4. 너희 가족       _____ family
5. 농장 동물들, 가축들   _____ animals

**E** 주어진 단어와 반대의 뜻을 가진 단어를 <보기>에서 골라 쓰세요.

| girl | she | goodbye |

1. hello   _____
2. boy    _____
3. he     _____

**F** 읽을 수 있는 단어에 체크한 후, 우리말 뜻을 빈칸에 써 보세요.

- [ ] my _____
- [ ] your _____
- [ ] boy _____
- [ ] girl _____
- [ ] name _____
- [ ] friend _____
- [ ] who _____
- [ ] what _____
- [ ] this _____
- [ ] that _____
- [ ] grandma _____
- [ ] grandpa _____
- [ ] brother _____
- [ ] sister _____
- [ ] baby _____
- [ ] family _____

- [ ] sing _____
- [ ] dance _____
- [ ] walk _____
- [ ] jump rope _____
- [ ] fly _____
- [ ] swim _____
- [ ] we _____
- [ ] they _____
- [ ] farm _____
- [ ] animal _____
- [ ] cow _____
- [ ] pig _____
- [ ] horse _____
- [ ] sheep _____
- [ ] see _____
- [ ] like _____

# DAY 05

학습일:    월    일

**Listen & Say** 1 2 3

053 · 054

### look
[luk]

동사 (관심을 기울여) 보다, 바라보다
**Look**!
저기 **봐**!

### rainbow
[réinbòu]

명사 무지개
Look! A **rainbow**!
저기 봐! **무지개**야!

055 · 056

### color
[kʌ́lər]

명사 색, 색깔
Look at the **colors**.
저 **색깔들**을 좀 봐.

### it
[it]

대명사 그것 (지금 이야기하고 있는 대상)
What color is **it**?
**그것**은 무슨 색이니?

057 · 058

### red
[red]

형용사 빨간색의  명사 빨간색
It is **red**.
그것은 **빨간색**이야.

### orange
[ɔ́:rindʒ]

형용사 주황색의  명사 1. 주황색  2. 오렌지
It is **orange**.
그것은 **주황색**이야.

**059 · 060**

### yellow
[jélou]

형용사 노란색의  명사 노란색
It's **yellow**.   * It's = It is
그것은 노란색이야.

### green
[griːn]

형용사 녹색의, 초록색의  명사 녹색, 초록색
It's **green**.
그것은 초록색이야.

**061 · 062**

### blue
[bluː]

형용사 파란색의  명사 파란색
It's **blue**.
그것은 파란색이야.

### purple
[pə́ːrpl]

형용사 보라색의, 자주색의  명사 보라색, 자주색
It's **purple**.
그것은 보라색이야.

**063 · 064**

### mix
[miks]

동사 섞다, 혼합하다
Let's **mix** colors.
색들을 섞어 보자.

### love
[lʌv]

동사 사랑하다, 아주 좋아하다  명사 사랑
I **love** red.   나는 빨간색을 아주 좋아해.
I **love** you.   나는 너를 사랑해.

**065**

### look at

~을 바라보다, ~을 쳐다보다
**Look at** the rainbow.   저 무지개를 좀 봐.
**Look at** the colors.   저 색깔들을 좀 봐.

# DAY 05

## Daily Test

**A** 그림에 알맞은 단어와 우리말 뜻을 찾아 연결하세요.

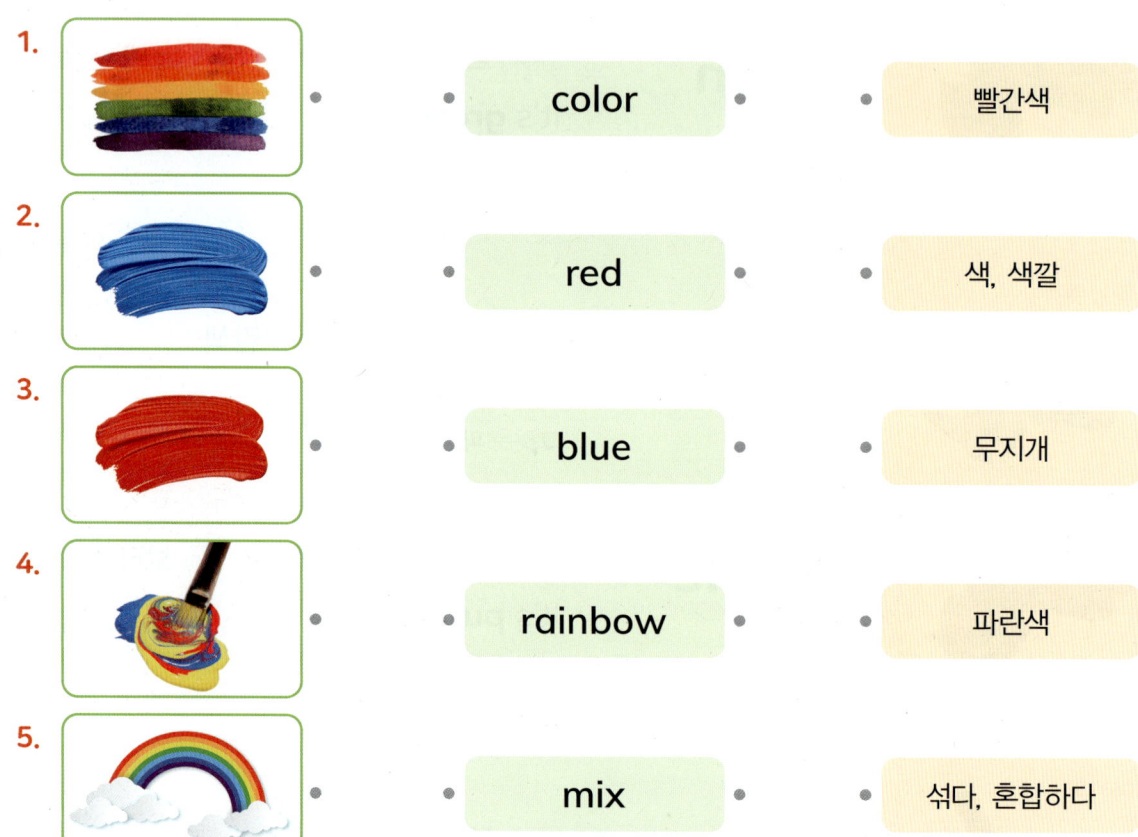

**B** 우리말 뜻에 맞게 주어진 글자를 바르게 배열하여 쓰세요.

1. 노란색    l l y e o w    _____
2. 주황색    o r g e a n    _____
3. 초록색    n e e g r    _____
4. 보라색    p p r u l e    _____
5. 사랑하다    v e l o    _____

## Picture Review

● 그림에 알맞은 단어나 문장을 골라 동그라미 한 후, 우리말 뜻과 함께 쓰세요.

1.
yellow | orange

2.
red | purple

3.
green | blue

4.
green | orange

5.
rainbow | color

6.
love | look

7.
love colors | mix colors

8.
Look at the rainbow. | Look at the orange.

# DAY 06

학습일:     월     일

**Listen & Say** 1 2 3

066 • 067

### fruit
[fruːt]

명사 과일

We like **fruit**.
우리는 **과일**을 좋아한다.

### vegetable
[védʒətəbl]

명사 채소, 야채

green **vegetables**    녹색 **채소들**

068 • 069

### apple
[ǽpl]

명사 사과

An **apple** is red.
**사과**는 빨간색이다.

### banana
[bənǽnə]

명사 바나나

A **banana** is yellow.
**바나나**는 노란색이다.

070 • 071

### strawberry
[strɔ́ːbèri]

명사 딸기

a red **strawberry**    빨간 **딸기**
A **strawberry** is red.    **딸기**는 빨간색이다.

### blueberry
[blúːbèri]

명사 블루베리

a blue **blueberry**    파란 **블루베리**
A **blueberry** is blue.    **블루베리**는 파란색이다.

072 • 073

### potato
[pətéitou]

[명사] 감자

I like **potatoes**.
나는 **감자**를 좋아한다.

### tomato
[təméitou]

[명사] 토마토

I like **tomatoes**.
나는 **토마토**를 좋아한다.

074 • 075

### carrot
[kǽrət]

[명사] 당근

I like **carrots**.
나는 **당근**을 좋아한다.

### onion
[ʌ́njən]

[명사] 양파

I like **onions**.
나는 **양파**를 좋아한다.

076 • 077

### sweet
[swiːt]

[형용사] 달콤한, 단

a **sweet** strawberry    달콤한 딸기

### yummy
[jʌ́mi]

[형용사] 아주 맛있는 (주로 유아, 여성 용어)
[유의어] delicious 아주 맛있는

It's **yummy**.    맛있어.

078

 There is...

~이(가) 있다

**There is** an apple.   사과가 (한 개) 있다.
**There is** an orange.  오렌지가 (한 개) 있다.

DAY 06

# Daily Test

**A** 그림에 알맞은 단어와 우리말 뜻을 찾아 연결하세요.

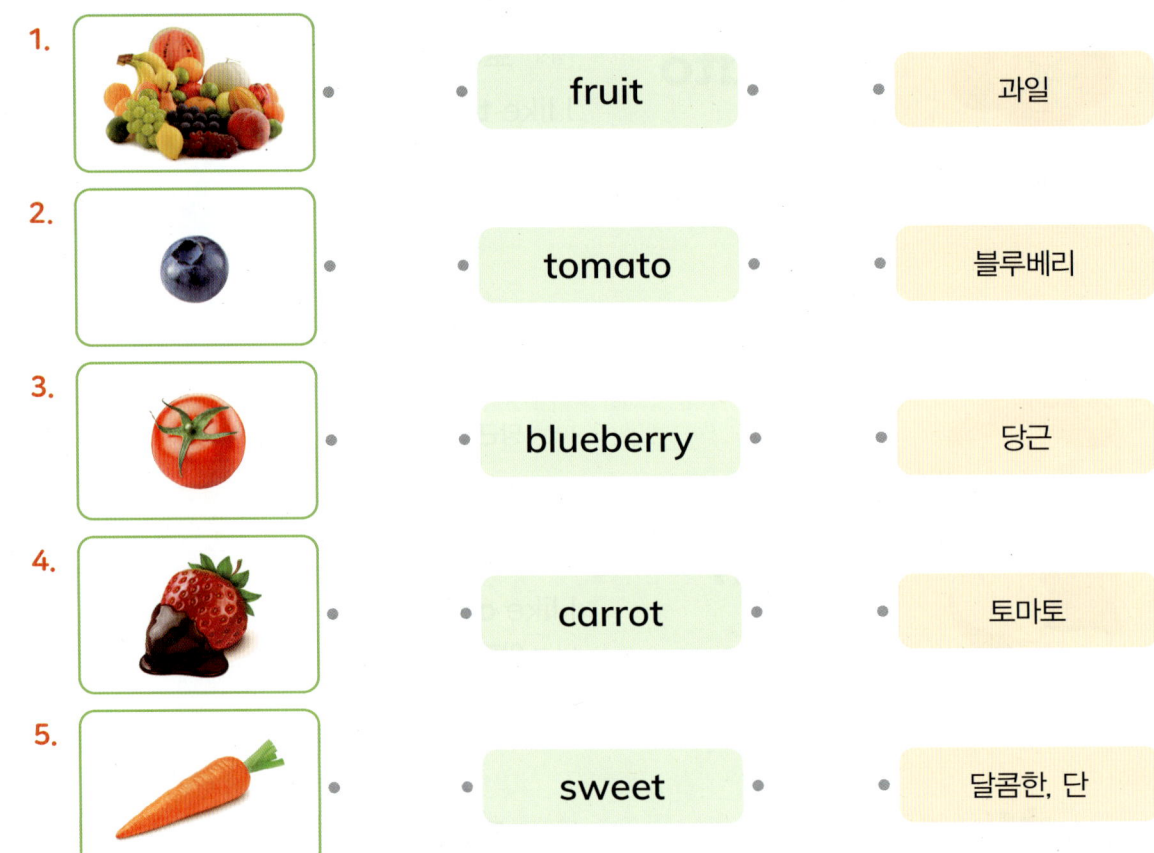

**B** 우리말 뜻에 맞게 주어진 글자를 바르게 배열하여 쓰세요.

1. 채소, 야채   g e v e b l e t a   _____
2. 딸기        r a w s t r r y b e  _____
3. 감자        t a p o t o         _____
4. 양파        i o n o n           _____
5. 아주 맛있는  m m y u y          _____

# Picture Review

● 그림에 알맞은 단어나 문장을 골라 동그라미 한 후, 우리말 뜻과 함께 쓰세요.

1.
potato | tomato

2.
carrot | fruit

3.
banana | apple

4.
sweet | vegetable

5.
strawberry | blueberry

6.
carrot | onion

7.
There is a tomato. | There is a carrot.

8.
There is an onion. | There is an apple.

# DAY 07

학습일:　　월　　일

**Listen & Say** 1 2 3

079 • 080

**one**
[wʌn]

명사 1, 하나
**one** apple　사과 **한** 개

**two**
[tuː]

명사 2, 둘
**two** apples　사과 **두** 개

081 • 082

**three**
[θriː]

명사 3, 셋
**three** potatoes　감자 **세** 개

**four**
[fɔːr]

명사 4, 넷
**four** tomatoes　토마토 **네** 개

083 • 084

**five**
[faiv]

명사 5, 다섯
**five** strawberries　딸기 **다섯** 개

**six**
[siks]

명사 6, 여섯
**six** blueberries　블루베리 **여섯** 개

085 • 086

**seven**
[sévən]

명사 7, 일곱

**seven** dogs 개 일곱 마리

**eight**
[eit]

명사 8, 여덟

**eight** cats 고양이 여덟 마리

087 • 088

**nine**
[nain]

명사 9, 아홉

**nine** animals 동물 아홉 마리

**ten**
[ten]

명사 10, 열

**ten** animals 동물 열 마리

089 • 090

**count**
[kaunt]

동사 (수를) 세다, 계산하다

Let's **count**! One, two, three!
(수를) 세어 보자! 하나, 둘, 셋!

**number**
[nʌ́mbər]

명사 숫자, 수

count **numbers** 숫자(수)를 세다
I can count **numbers**. 나는 숫자를 셀 수 있다.

091

**count to ten**

열(10)까지 세다

I can **count to ten**. 나는 열까지 셀 수 있다.
Can you **count to ten**? 너는 열까지 셀 수 있니?

# DAY 07

## Daily Test

**A** 그림에 알맞은 단어와 우리말 뜻을 찾아 연결하세요.

1.  • • count • • 셋

2. 5 • • three • • (수를) 세다

3. 3 • • two • • 둘

4. 2 • • five • • 열

5. 10 • • ten • • 다섯

**B** 우리말 뜻에 맞게 주어진 글자를 바르게 배열하여 쓰세요.

1. 숫자, 수    e r b n u m    _____

2. 4, 넷    o u f r    _____

3. 7, 일곱    e e v s n    _____

4. 8, 여덟    i e g t h    _____

5. 9, 아홉    n n e i    _____

## Picture Review

● 그림에 알맞은 단어나 표현을 골라 동그라미 한 후, 우리말 뜻과 함께 쓰세요.

1.
two | three

2.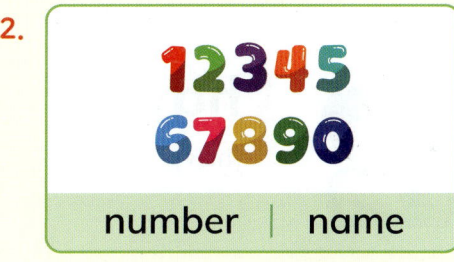
number | name

3.
five | four

4.
six | five

5.
seven | nine

6.
ten | one

7.
nine | eight

8.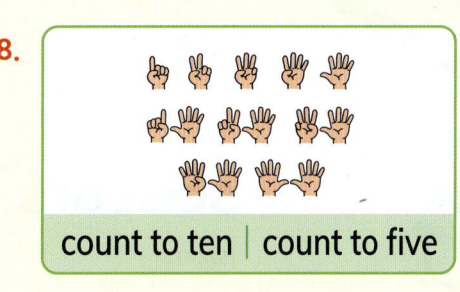
count to ten | count to five

# DAY 08

학습일:　　월　　일

**Listen & Say** 1 2 3

092 • 093

### have
[hæv]

동사 가지다, (가지고) 있다
I **have** a ball.  나는 공을 가지고 있다.
What do you **have**?  너는 무엇을 가지고 있니?

### book
[buk]

명사 책
I have a **book**.
나는 **책**을 가지고 있다.

094 • 095

### pencil
[pénsəl]

명사 연필　*pencil case 필통
I have a **pencil**.
나는 **연필**을 가지고 있다.

### eraser
[iréisər]

명사 지우개
I have an **eraser**.
나는 **지우개**를 가지고 있다.

096 • 097

### crayon
[kréiən]

명사 크레용
I have a **crayon**.
나는 **크레용**을 가지고 있다.

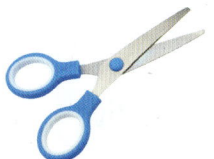

### scissors
[sízərz]

명사 가위
I have **scissors**.
나는 **가위**를 가지고 있다.

### read
[riːd]

동사 읽다

I **read**.
나는 읽는다.

### write
[rait]

동사 쓰다

I **write**.
나는 쓴다.

---

### draw
[drɔː]

동사 (연필, 펜 등으로) 그리다

I **draw**.
나는 그린다.

### with
[wið]

전치사 1. ~로, ~을 이용하여  2. ~와 함께

I draw **with** my pencil.  나는 내 연필로 그린다.
**with** my friends   내 친구들과 함께

---

### color
[kʌ́lər]

동사 (~에) 색칠하다   명사 색, 색깔

I **color**.  나는 색칠한다.
I **color** with crayons.  나는 크레용으로 색칠한다.

### cut
[kʌt]

동사 자르다, 잘라 내다

I **cut**.  나는 자른다.
I **cut** with scissors.  나는 가위로 자른다.

---

### school bag

학교 가방, 책가방  = school backpack

my **school bag**   내 책가방
What's in my **school bag**?
내 책가방에는 무엇이 들었을까?

# DAY 08

## Daily Test

**A** 그림에 알맞은 단어와 우리말 뜻을 찾아 연결하세요.

1.  • • draw • • 그리다
2.  • • color • • 읽다
3. 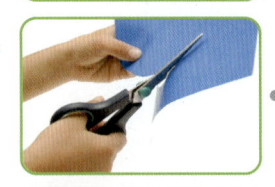 • • read • • 색칠하다
4.  • • write • • 가위로
5.  • • with scissors • • 쓰다

**B** 우리말 뜻에 맞게 주어진 글자를 바르게 배열하여 쓰세요.

1. 가지고 있다    v a h e    _____
2. 지우개         s e r e r a    _____
3. 가위          s s o s c i r s    _____
4. 크레용        c o y n r a    _____
5. 연필          c i l e p n    _____

# Picture Review

● 그림에 알맞은 단어나 표현을 골라 동그라미 한 후, 우리말 뜻과 함께 쓰세요.

1.
book | bag

2.
crayon | eraser

3.
color | count

4.
read | write

5.
cut | draw

6.
book | school bag

7.
have a crayon | have a pencil

8.
cut with scissors | color with crayons

# Review Test 02

**DAY 05-08**

**A** 다음 그림을 보고, 우리말에 해당하는 단어를 영어로 쓰세요.

1. 가지고 있다 : _____
2. 그리다 : _____
3. 무지개 : _____
4. 크레용 : _____
5. 연필 : _____
6. 파란색 : _____
7. 노란색 : _____
8. 색칠하다 : _____

**B** 그림에 알맞은 단어를 골라 동그라미 하세요.

1.  fruit / vegetable
2.  four / fruit
3.  potato / tomato
4.  blueberry / strawberry
5.  eight / seven
6.  six / five
7.  scissors / sweet
8.  read / write
9.  mix / like
10.  cut / count

**C** 그림을 보고, 빈칸에 알맞은 단어를 넣으세요.

1.
There is a _____.

2.
There is an _____.

3.
I like _____.

4.
I like _____.

**D** 우리말과 같은 뜻이 되도록 빈칸에 알맞은 단어를 넣으세요.

1. 녹색 채소들      _____ vegetables
2. 숫자를 세다      _____ numbers
3. 책을 가지고 있다      _____ a book
4. 내 연필로 그리다      _____ with my pencil
5. 가위로 자르다      cut _____ scissors

**E** 그림을 보고, 빈칸에 공통으로 들어갈 알맞은 알파벳을 쓰세요.

1.
gr___n
sw___t

2.
yell___
rainb___

3.
blue_____
straw_____

**F** 읽을 수 있는 단어에 체크한 후, 우리말 뜻을 빈칸에 써 보세요.

- ☐ rainbow _____
- ☐ color _____
- ☐ orange _____
- ☐ yellow _____
- ☐ green _____
- ☐ purple _____
- ☐ mix _____
- ☐ love _____
- ☐ fruit _____
- ☐ vegetable _____
- ☐ strawberry _____
- ☐ blueberry _____
- ☐ carrot _____
- ☐ onion _____
- ☐ sweet _____
- ☐ yummy _____

- ☐ count _____
- ☐ number _____
- ☐ five _____
- ☐ six _____
- ☐ seven _____
- ☐ eight _____
- ☐ nine _____
- ☐ ten _____
- ☐ have _____
- ☐ book _____
- ☐ pencil _____
- ☐ eraser _____
- ☐ crayon _____
- ☐ scissors _____
- ☐ read _____
- ☐ write _____

# DAY 09

학습일:　　월　　일

**Listen & Say** 1 2 3

105 · 106

**big**
[bíg]

형용사 (크기가) 큰
a **big** dog   큰 개

**little**
[lítl]

형용사 1. (크기가) 작은  2. 어린
유의어 small (크기가) 작은, (양이) 적은
a **little** bird   작은 새
a **little** girl   어린 소녀

107 · 108

**tall**
[tɔːl]

형용사 키가 큰
My dad is **tall**.
우리 아빠는 키가 크다.

**short**
[ʃɔːrt]

형용사 키가 작은
My sister is **short**.
내 여동생은 키가 작다.

109 · 110

**elephant**
[éləfənt]

명사 코끼리
An **elephant** is big.
코끼리는 크다.

**giraffe**
[dʒəræf]

명사 기린
A **giraffe** is tall.
기린은 키가 크다.

111 · 112

**zebra**
[zíːbrə]

〔명사〕 얼룩말
There is a **zebra**.
얼룩말이 (한 마리) 있다.

**monkey**
[mʌ́ŋki]

〔명사〕 원숭이
There is a **monkey**.
원숭이가 (한 마리) 있다.

113 · 114

**puppy**
[pʌ́pi]

〔명사〕 강아지  *dog 개
a little **puppy**   어린 강아지
Look at the **puppy**.  저 강아지 좀 봐.

**kitten**
[kítn]

〔명사〕 새끼 고양이  *cat 고양이
Look at the **kitten**.
저 새끼 고양이 좀 봐.

115 · 116

**very**
[véri]

〔부사〕 매우, 아주
The elephant is **very** big.
저 코끼리는 아주 크다.

**cute**
[kjuːt]

〔형용사〕 귀여운
The baby elephant is very **cute**.
저 아기 코끼리는 아주 귀엽다.

117

**There are...**

～이 있다 (둘 이상)
**There are** giraffes.  기린들이 있다.
**There are** zebras.  얼룩말들이 있다.

# DAY 09

## Daily Test

**A** 그림에 알맞은 단어와 우리말 뜻을 찾아 연결하세요.

1.  • • little • • 키가 큰

2.  • • tall • • (크기가) 작은, 어린

3.  • • monkey • • 원숭이

4.  • • very big • • 아주 귀여운

5. • • very cute • • 아주 큰

**B** 우리말 뜻에 맞게 주어진 글자를 바르게 배열하여 쓰세요.

1. 얼룩말  e b z r a  _____

2. 기린  f f e r a g i  _____

3. 코끼리  p h a n t e l e  _____

4. 새끼 고양이  t t k i e n  _____

5. 강아지  p p p u y  _____

# A*List
# VOCA

## 어휘 암기장

# DAY 01

| | | |
|---|---|---|
| 001 | **hello** | 〔감〕 안녕 |
| 002 | **bye** | 〔감〕 잘 가 |
| 003 | **I** | 〔대〕 나 |
| 004 | **you** | 〔대〕 너, 너희 |
| 005 | **my** | 〔형〕 나의, 내 |
| 006 | **your** | 〔형〕 너의, 네 |
| 007 | **boy** | 〔명〕 남자아이, 소년 |
| 008 | **girl** | 〔명〕 여자아이, 소녀 |
| 009 | **name** | 〔명〕 이름 |
| 010 | **friend** | 〔명〕 친구 |
| 011 | **who** | 〔대〕 누구 |
| 012 | **what** | 〔대〕 무엇 |
| 013 | **best friend** | 가장 친한 친구, 단짝 친구 |

접는선

# DAY 02

| | | |
|---|---|---|
| 014 | **this** | 때 이것, 이 사람 |
| 015 | **that** | 때 저것, 저 사람 |
| 016 | **mom** | 명 엄마 |
| 017 | **dad** | 명 아빠 |
| 018 | **grandma** | 명 할머니 |
| 019 | **grandpa** | 명 할아버지 |
| 020 | **she** | 때 그녀, 그 여자 |
| 021 | **he** | 때 그, 그 남자 |
| 022 | **sister** | 명 언니, 누나, 여동생 |
| 023 | **brother** | 명 오빠, 형, 남동생 |
| 024 | **baby** | 명 아기 |
| 025 | **family** | 명 가족 |
| 026 | **This is...** | 이 사람은 ~이다 |

# DAY 03

| | | |
|---|---|---|
| 027 ☐☐ | **can** | 동 ~할 수 있다 |
| 028 ☐☐ | **can't** | 동 ~할 수 없다 |
| 029 ☐☐ | **sing** | 동 노래하다 |
| 030 ☐☐ | **dance** | 동 춤을 추다  명 춤 |
| 031 ☐☐ | **jump** | 동 점프하다, 뛰어오르다 |
| 032 ☐☐ | **jump rope** | 동 줄넘기를 하다<br>명 줄넘기, 줄넘기 줄 |
| 033 ☐☐ | **walk** | 동 걷다 |
| 034 ☐☐ | **run** | 동 뛰다, 달리다 |
| 035 ☐☐ | **fly** | 동 (하늘을) 날다 |
| 036 ☐☐ | **swim** | 동 수영하다, 헤엄치다 |
| 037 ☐☐ | **we** | 대 우리 |
| 038 ☐☐ | **they** | 대 그들, 그것들 |
| 039 ☐☐ | **Let's...** | (우리) ~하자 |

접는선

# DAY 04

| | | |
|---|---|---|
| 040 | **farm** | 명 농장 |
| 041 | **animal** | 명 동물 |
| 042 | **see** | 동 보다, (눈에) 보이다 |
| 043 | **like** | 동 좋아하다 |
| 044 | **dog** | 명 개 |
| 045 | **cat** | 명 고양이 |
| 046 | **chicken** | 명 닭 |
| 047 | **duck** | 명 오리 |
| 048 | **cow** | 명 암소, 젖소 |
| 049 | **pig** | 명 돼지 |
| 050 | **horse** | 명 말 |
| 051 | **sheep** | 명 양 |
| 052 | **farm animals** | 농장 동물들, 가축들 |

접는선

# DAY 05

| | | |
|---|---|---|
| 053 ☐☐ | **look** | 동 보다, 바라보다 |
| 054 ☐☐ | **rainbow** | 명 무지개 |
| 055 ☐☐ | **color** | 명 색, 색깔 |
| 056 ☐☐ | **it** | 대 그것 |
| 057 ☐☐ | **red** | 형 빨간색의  명 빨간색 |
| 058 ☐☐ | **orange** | 형 주황색의  명 주황색, 오렌지 |
| 059 ☐☐ | **yellow** | 형 노란색의  명 노란색 |
| 060 ☐☐ | **green** | 형 녹색의  명 녹색, 초록색 |
| 061 ☐☐ | **blue** | 형 파란색의  명 파란색 |
| 062 ☐☐ | **purple** | 형 보라색의  명 보라색 |
| 063 ☐☐ | **mix** | 동 섞다, 혼합하다 |
| 064 ☐☐ | **love** | 동 사랑하다  명 사랑 |
| 065 ☐☐ | **look at** | ~을 바라보다, ~을 쳐다보다 |

접는선

# DAY 06

| | | | |
|---|---|---|---|
| 066 ☐☐ | **fruit** | 명 | 과일 |
| 067 ☐☐ | **vegetable** | 명 | 채소, 야채 |
| 068 ☐☐ | **apple** | 명 | 사과 |
| 069 ☐☐ | **banana** | 명 | 바나나 |
| 070 ☐☐ | **strawberry** | 명 | 딸기 |
| 071 ☐☐ | **blueberry** | 명 | 블루베리 |
| 072 ☐☐ | **potato** | 명 | 감자 |
| 073 ☐☐ | **tomato** | 명 | 토마토 |
| 074 ☐☐ | **carrot** | 명 | 당근 |
| 075 ☐☐ | **onion** | 명 | 양파 |
| 076 ☐☐ | **sweet** | 형 | 달콤한, 단 |
| 077 ☐☐ | **yummy** | 형 | 아주 맛있는 |
| 078 ☐☐ | **There is...** | | ~이(가) 있다 |

# DAY 07

| | | |
|---|---|---|
| 079 ☐☐ | **one** | 몡 1, 하나 |
| 080 ☐☐ | **two** | 몡 2, 둘 |
| 081 ☐☐ | **three** | 몡 3, 셋 |
| 082 ☐☐ | **four** | 몡 4, 넷 |
| 083 ☐☐ | **five** | 몡 5, 다섯 |
| 084 ☐☐ | **six** | 몡 6, 여섯 |
| 085 ☐☐ | **seven** | 몡 7, 일곱 |
| 086 ☐☐ | **eight** | 몡 8, 여덟 |
| 087 ☐☐ | **nine** | 몡 9, 아홉 |
| 088 ☐☐ | **ten** | 몡 10, 열 |
| 089 ☐☐ | **count** | 동 (수를) 세다, 계산하다 |
| 090 ☐☐ | **number** | 몡 숫자, 수 |
| 091 ☐☐ | **count to ten** | 열(10)까지 세다 |

접는선

# DAY 08

| | | |
|---|---|---|
| 092 ☐☐ | **have** | 동 가지다, (가지고) 있다 |
| 093 ☐☐ | **book** | 명 책 |
| 094 ☐☐ | **pencil** | 명 연필 |
| 095 ☐☐ | **eraser** | 명 지우개 |
| 096 ☐☐ | **crayon** | 명 크레용 |
| 097 ☐☐ | **scissors** | 명 가위 |
| 098 ☐☐ | **read** | 동 읽다 |
| 099 ☐☐ | **write** | 동 쓰다 |
| 100 ☐☐ | **draw** | 동 (연필, 펜 등으로) 그리다 |
| 101 ☐☐ | **with** | 전 ~로, ~와 함께 |
| 102 ☐☐ | **color** | 동 (~에) 색칠하다  명 색, 색깔 |
| 103 ☐☐ | **cut** | 동 자르다, 잘라 내다 |
| 104 ☐☐ | **school bag** | 학교 가방, 책가방 |

접는선

# DAY 09

| | | | |
|---|---|---|---|
| 105 ☐☐ | **big** | 형 | (크기가) 큰 |
| 106 ☐☐ | **little** | 형 | (크기가) 작은, 어린 |
| 107 ☐☐ | **tall** | 형 | 키가 큰 |
| 108 ☐☐ | **short** | 형 | 키가 작은 |
| 109 ☐☐ | **elephant** | 명 | 코끼리 |
| 110 ☐☐ | **giraffe** | 명 | 기린 |
| 111 ☐☐ | **zebra** | 명 | 얼룩말 |
| 112 ☐☐ | **monkey** | 명 | 원숭이 |
| 113 ☐☐ | **puppy** | 명 | 강아지 |
| 114 ☐☐ | **kitten** | 명 | 새끼 고양이 |
| 115 ☐☐ | **very** | 부 | 매우, 아주 |
| 116 ☐☐ | **cute** | 형 | 귀여운 |
| 117 ☐☐ | **There are...** | | ~이 있다 (둘 이상) |

접는선

# DAY 10

| | | | |
|---|---|---|---|
| 118 ☐☐ | **face** | 명 | 얼굴 |
| 119 ☐☐ | **body** | 명 | 몸, 신체 |
| 120 ☐☐ | **eye** | 명 | 눈 |
| 121 ☐☐ | **nose** | 명 | 코 |
| 122 ☐☐ | **mouth** | 명 | 입 |
| 123 ☐☐ | **ear** | 명 | 귀 |
| 124 ☐☐ | **arm** | 명 | 팔 |
| 125 ☐☐ | **hand** | 명 | 손 |
| 126 ☐☐ | **leg** | 명 | 다리 |
| 127 ☐☐ | **foot** | 명 | 발 |
| 128 ☐☐ | **finger** | 명 | 손가락 |
| 129 ☐☐ | **toe** | 명 | 발가락 |
| 130 ☐☐ | **with your eyes** | | (너의) 눈으로, 눈을 이용하여 |

접는선

# DAY 11

| | | | |
|---|---|---|---|
| 131 | sky | 명 | 하늘 |
| 132 | weather | 명 | 날씨 |
| 133 | warm | 형 | 따뜻한, 따스한 |
| 134 | hot | 형 | 더운, 뜨거운 |
| 135 | cool | 형 | 선선한, 시원한 |
| 136 | cold | 형 | 추운, 차가운 |
| 137 | sun | 명 | 태양, 해 |
| 138 | sunny | 형 | 해가 쨍쨍 내리쬐는, 화창한 |
| 139 | rainy | 형 | 비가 (많이) 오는 |
| 140 | snowy | 형 | 눈이 (많이) 오는 |
| 141 | cloudy | 형 | 흐린, 구름이 잔뜩 낀 |
| 142 | windy | 형 | 바람이 (많이) 부는 |
| 143 | snowy day | | 눈 오는 날 |

접는선

# DAY 12

|  |  |  |
|---|---|---|
| 144 | **play** | 동 놀다, (게임 등을) 하다 |
| 145 | **park** | 명 공원 |
| 146 | **come** | 동 오다 |
| 147 | **go** | 동 가다 |
| 148 | **up** | 부 위로, 위에 |
| 149 | **down** | 부 아래로, 아래에 |
| 150 | **hill** | 명 언덕 |
| 151 | **mountain** | 명 산 |
| 152 | **river** | 명 강 |
| 153 | **lake** | 명 호수 |
| 154 | **skate** | 동 스케이트를 타다<br>명 스케이트화 (한 짝) |
| 155 | **sled** | 동 썰매를 타다  명 썰매 |
| 156 | **have fun** | 재미있게 놀다, 즐거운 시간을 보내다 |

접는선

# DAY 13

| | | | |
|---|---|---|---|
| 157 ☐☐ | **pet** | 몡 | 애완동물, 반려동물 |
| 158 ☐☐ | **meet** | 동 | 만나다 |
| 159 ☐☐ | **pretty** | 형 | 예쁜, 귀여운 |
| 160 ☐☐ | **smart** | 형 | 똑똑한, 영리한 |
| 161 ☐☐ | **ugly** | 형 | 못생긴, 추한 |
| 162 ☐☐ | **handsome** | 형 | 잘생긴, 멋진 |
| 163 ☐☐ | **sit** | 동 | 앉다, 앉아 있다 |
| 164 ☐☐ | **stand** | 동 | 서다, 서 있다 |
| 165 ☐☐ | **wait** | 동 | 기다리다 |
| 166 ☐☐ | **shake** | 동 | 흔들다, 털다 |
| 167 ☐☐ | **catch** | 동 | (움직이는 물체를) 잡다 |
| 168 ☐☐ | **hug** | 동 | 포옹하다, 껴안다 |
| 169 ☐☐ | **shake hands** | | 악수를 하다 |

접는선

# DAY 14

| | | | |
|---|---|---|---|
| 170 | in | 전 | ~ 안에, ~ 속에 |
| 171 | on | 전 | ~ 위에 |
| 172 | under | 전 | ~ (바로) 아래에 |
| 173 | over | 전 | (표면에 닿지 않게) ~ 위에, ~ 위로 |
| 174 | beside | 전 | ~ 옆에, ~ 쪽에 |
| 175 | behind | 전 | ~ 뒤에 |
| 176 | mat | 명 | 매트, 깔개 |
| 177 | hat | 명 | 모자 |
| 178 | cap | 명 | (앞부분에 챙이 달린) 모자 |
| 179 | shoe | 명 | 신, 신발 (한 짝) |
| 180 | bad | 형 | 나쁜, 안 좋은 |
| 181 | good | 형 | 좋은, 착한 |
| 182 | on my lap | | 내 무릎 위에 |

# DAY 15

| | | | |
|---|---|---|---|
| 183 ☐☐ | **room** | 명 | 방 |
| 184 ☐☐ | **bed** | 명 | 침대 |
| 185 ☐☐ | **door** | 명 | 문 |
| 186 ☐☐ | **window** | 명 | 창문 |
| 187 ☐☐ | **ball** | 명 | 공 |
| 188 ☐☐ | **doll** | 명 | 인형 |
| 189 ☐☐ | **toy** | 명 | 장난감 |
| 190 ☐☐ | **teddy bear** | 명 | 곰 인형 |
| 191 ☐☐ | **computer** | 명 | 컴퓨터 |
| 192 ☐☐ | **robot** | 명 | 로봇 |
| 193 ☐☐ | **new** | 형 | 새로운, 새것의 |
| 194 ☐☐ | **old** | 형 | 낡은, 오래된, 늙은 |
| 195 ☐☐ | **smart speaker** | | 스마트 스피커, 인공지능 스피커 |

접는선

# DAY 16

|  |  |  |
|---|---|---|
| 196 | **eat** | 동 먹다 |
| 197 | **cookie** | 명 쿠키 |
| 198 | **drink** | 동 (음료를) 마시다  명 음료 |
| 199 | **milk** | 명 우유 |
| 200 | **brush** | 동 이를 닦다, 칫솔질을 하다 |
| 201 | **tooth** | 명 이, 치아 (한 개) |
| 202 | **clean** | 형 깨끗한 |
| 203 | **dirty** | 형 더러운, 지저분한 |
| 204 | **wash** | 동 씻다 |
| 205 | **shower** | 명 샤워(하기)  동 샤워를 하다 |
| 206 | **homework** | 명 숙제 |
| 207 | **do** | 동 (어떤 동작이나 행동을) 하다 |
| 208 | **go to bed** | 잠자리에 들다, 자러 가다 |

접는선

# DAY 17

|  |  |  |
|---|---|---|
| 209 | **school** | 몡 학교 |
| 210 | **classroom** | 몡 교실 |
| 211 | **teacher** | 몡 교사, 선생님 |
| 212 | **student** | 몡 학생 |
| 213 | **map** | 몡 지도 |
| 214 | **globe** | 몡 지구본 |
| 215 | **board** | 몡 칠판, 게시판 |
| 216 | **clock** | 몡 시계 |
| 217 | **desk** | 몡 책상 |
| 218 | **chair** | 몡 의자 |
| 219 | **many** | 형 많은, 여러 |
| 220 | **kid** | 몡 아이, 청소년 |
| 221 | **welcome to** | ~에 온 것을 환영하다 |

접는선

# DAY 18

| # | 단어 | 뜻 |
|---|---|---|
| 222 | **English** | 명 영어, 영어 과목 |
| 223 | **class** | 명 수업 |
| 224 | **math** | 명 수학 |
| 225 | **science** | 명 과학 |
| 226 | **music** | 명 음악 |
| 227 | **art** | 명 미술, 예술 |
| 228 | **P.E.** | 명 체육 |
| 229 | **playground** | 명 운동장, 놀이터 |
| 230 | **sport** | 명 스포츠, 운동, 경기 |
| 231 | **favorite** | 형 가장 좋아하는 |
| 232 | **paint** | 동 (물감으로) 그리다 |
| 233 | **speak** | 동 말하다, 이야기를 주고받다 |
| 234 | **like to** | ~하는 것을 좋아하다 |

접는선

# DAY 19

| # | 단어 | 뜻 |
|---|---|---|
| 235 | **bike** | 명 자전거 |
| 236 | **ride** | 동 (탈것을) 타다, 타고 가다 |
| 237 | **helmet** | 명 헬멧 |
| 238 | **wear** | 동 입고 있다, 신고 있다 |
| 239 | **fast** | 부 빨리, 빠르게  형 빠른 |
| 240 | **slowly** | 부 천천히, 느리게 |
| 241 | **skateboard** | 명 스케이트보드 |
| 242 | **snowboard** | 명 스노보드 |
| 243 | **pull** | 동 끌다, 끌어당기다 |
| 244 | **push** | 동 밀다 |
| 245 | **watch** | 동 보다, 지켜보다 |
| 246 | **help** | 동 돕다, 도와주다 |
| 247 | **watch out** | 조심하다, 주의하다 |

# DAY 20

| # | 단어 | 뜻 |
|---|---|---|
| 248 | **singer** | 명 노래하는 사람, 가수 |
| 249 | **dancer** | 명 무용수, 댄서 |
| 250 | **doctor** | 명 의사 |
| 251 | **nurse** | 명 간호사 |
| 252 | **work** | 동 일하다, 작업하다  명 일, 작업 |
| 253 | **hospital** | 명 병원 |
| 254 | **zookeeper** | 명 동물원 사육사 |
| 255 | **zoo** | 명 동물원 |
| 256 | **firefighter** | 명 소방관 |
| 257 | **fire station** | 명 소방서 |
| 258 | **police officer** | 명 경찰관 |
| 259 | **police station** | 명 경찰서 |
| 260 | **at home** | 집에, 집에서 |

# DAY 21

|  |  |  |
|---|------|---|
| 261 | **spring** | 명 봄 |
| 262 | **summer** | 명 여름 |
| 263 | **fall** | 명 가을 |
| 264 | **winter** | 명 겨울 |
| 265 | **bird** | 명 새 |
| 266 | **tree** | 명 나무 |
| 267 | **butterfly** | 명 나비 |
| 268 | **flower** | 명 꽃 |
| 269 | **leaf** | 명 잎, 나뭇잎 |
| 270 | **grass** | 명 풀, 잔디 |
| 271 | **beautiful** | 형 아름다운, 멋진 |
| 272 | **garden** | 명 정원 |
| 273 | **four seasons** | 사계절 |

# DAY 22

| # | 단어 | 뜻 |
|---|---|---|
| 274 | **live** | 동 (~에) 살다, 거주하다 |
| 275 | **where** | 부 어디에, 어디에서 |
| 276 | **here** | 부 여기에(서) |
| 277 | **there** | 부 저기에(서), 거기에(서) |
| 278 | **house** | 명 집 |
| 279 | **people** | 명 사람들 |
| 280 | **cave** | 명 동굴, 굴 |
| 281 | **bear** | 명 곰 |
| 282 | **nest** | 명 (새의) 둥지 |
| 283 | **hive** | 명 벌집 |
| 284 | **ocean** | 명 대양, 바다 |
| 285 | **fish** | 명 물고기 |
| 286 | **a lot of** | 많은 |

# DAY 23

| # | Word | Meaning |
|---|---|---|
| 287 | **delicious** | 형 아주 맛있는 |
| 288 | **food** | 명 음식 |
| 289 | **rice** | 명 쌀, 밥 |
| 290 | **bread** | 명 빵 |
| 291 | **hamburger** | 명 햄버거 |
| 292 | **sandwich** | 명 샌드위치 |
| 293 | **chicken** | 명 치킨 |
| 294 | **pizza** | 명 피자 |
| 295 | **ice cream** | 명 아이스크림 |
| 296 | **cake** | 명 케이크 |
| 297 | **share** | 동 (함께) 나누다, 나눠 갖다 |
| 298 | **lunch** | 명 점심, 점심 식사 |
| 299 | **Here you are.** | 여기 있어(요). / 이거 받으세요. |

접는선

# DAY 24

| | | |
|---|---|---|
| 300 | **beach** | 명 해변, 바닷가 |
| 301 | **sand** | 명 모래, 모래사장 |
| 302 | **sea** | 명 바다 |
| 303 | **water** | 명 물, (강, 바다의) 물 |
| 304 | **sunglasses** | 명 선글라스 |
| 305 | **swimsuit** | 명 수영복 |
| 306 | **beach ball** | 명 비치 볼, 물놀이용 공 |
| 307 | **beach tube** | 명 비치 튜브, 물놀이용 튜브 |
| 308 | **kite** | 명 연 |
| 309 | **balloon** | 명 풍선 |
| 310 | **fun** | 명 재미, 즐거움  형 재미있는 |
| 311 | **activity** | 명 활동 |
| 312 | **How many...?** | 얼마나 많은 ~? / ~이 몇 개? |

# DAY 25

| | | | |
|---|---|---|---|
| 313 | **bedroom** | 명 | 침실, 방 |
| 314 | **living room** | 명 | 거실 |
| 315 | **kitchen** | 명 | 부엌, 주방 |
| 316 | **table** | 명 | 탁자, 테이블 |
| 317 | **bathroom** | 명 | 욕실, 화장실 |
| 318 | **bath** | 명 | 욕조, 목욕 |
| 319 | **roof** | 명 | 지붕 |
| 320 | **wall** | 명 | 벽, 담 |
| 321 | **make** | 동 | 만들다 |
| 322 | **bake** | 동 | (빵, 과자 등을) 굽다 |
| 323 | **cook** | 동 | 요리하다 |
| 324 | **dish** | 명 | 접시, 그릇 |
| 325 | **do the dishes** | | 설거지를 하다, 그릇을 씻다 |

접는선

# DAY 26

| | | | |
|---|---|---|---|
| 326 | **happy** | 형 | 행복한, 기쁜 |
| 327 | **sad** | 형 | 슬픈 |
| 328 | **hungry** | 형 | 배고픈 |
| 329 | **full** | 형 | 배부른, (~이) 가득 찬 |
| 330 | **angry** | 형 | 화난, 성난 |
| 331 | **sorry** | 형 | 미안한, 유감스러운 |
| 332 | **tired** | 형 | 피곤한 |
| 333 | **sleepy** | 형 | 졸리는, 졸음이 오는 |
| 334 | **thirsty** | 형 | 목이 마른 |
| 335 | **sick** | 형 | 아픈, 병든 |
| 336 | **how** | 부 | 어떻게, 어떤 상태로 |
| 337 | **fine** | 형 | 좋은, 건강한 |
| 338 | **look happy** | | 행복해 보이다 |

# DAY 27

| # | 단어 | 뜻 |
|---|---|---|
| 339 | **guess** | 동 추측하다, 알아맞히다 |
| 340 | **so** | 부 정말로, 너무나, 대단히 |
| 341 | **snake** | 명 뱀 |
| 342 | **ant** | 명 개미 |
| 343 | **small** | 형 (크기가) 작은, (양이) 적은 |
| 344 | **fat** | 형 뚱뚱한, 살찐 |
| 345 | **long** | 형 (길이, 거리가) 긴 |
| 346 | **short** | 형 (길이, 거리가) 짧은, 키가 작은 |
| 347 | **rabbit** | 명 토끼 |
| 348 | **turtle** | 명 거북이 |
| 349 | **fast** | 형 빠른 부 빨리, 빠르게 |
| 350 | **slow** | 형 느린 부 느리게 |
| 351 | **Guess what!** | 맞혀 봐! / 있잖아, 너 그거 알아? |

# DAY 28

|  |  |  |
|---|------|-----|
| 352 | **Christmas** | 명 크리스마스 |
| 353 | **dinner** | 명 저녁 식사, 만찬 |
| 354 | **gift** | 명 선물 |
| 355 | **box** | 명 상자, 박스 |
| 356 | **open** | 동 (문, 뚜껑 등을) 열다 |
| 357 | **close** | 동 (문, 뚜껑 등을) 닫다 |
| 358 | **for** | 전 ~을 위해, ~을 위한 |
| 359 | **watch** | 명 손목시계 |
| 360 | **bone** | 명 뼈, 뼈다귀 |
| 361 | **drone** | 명 드론 |
| 362 | **want** | 동 원하다, 바라다 |
| 363 | **please** | 감 부디, 제발 |
| 364 | **No, thanks.** | 아뇨, 괜찮습니다. |

# DAY 29

| | | | |
|---|---|---|---|
| 365 ☐☐ | **morning** | 몡 | 아침, 오전 |
| 366 ☐☐ | **afternoon** | 몡 | 오후 |
| 367 ☐☐ | **evening** | 몡 | 저녁 |
| 368 ☐☐ | **noon** | 몡 | 정오, 낮 12시 |
| 369 ☐☐ | **day** | 몡 | 낮 |
| 370 ☐☐ | **night** | 몡 | 밤 |
| 371 ☐☐ | **moon** | 몡 | 달 |
| 372 ☐☐ | **star** | 몡 | 별 |
| 373 ☐☐ | **shine** | 동 | 빛나다, 반짝이다 |
| 374 ☐☐ | **sleep** | 동 | 잠을 자다  몡 잠 |
| 375 ☐☐ | **quiet** | 혱 | 조용한 |
| 376 ☐☐ | **loud** | 혱 | (소리가) 큰, 시끄러운 |
| 377 ☐☐ | **go to sleep** | | 잠이 들다, 잠을 자다 |

접는선

# DAY 30

| | | | |
|---|---|---|---|
| 378 | snow | 명 눈 동 눈이 오다 |
| 379 | rain | 명 비 동 비가 오다 |
| 380 | wind | 명 바람 |
| 381 | cloud | 명 구름 |
| 382 | snowman | 명 눈사람 |
| 383 | snowball | 명 눈 뭉치, 눈덩이 |
| 384 | umbrella | 명 우산 |
| 385 | raincoat | 명 비옷, 레인코트 |
| 386 | boot | 명 장화, 부츠 (한 짝) |
| 387 | glove | 명 장갑 (한 짝) |
| 388 | outside | 부 밖에, 밖에서 전 ~의 밖에 |
| 389 | inside | 부 안에, 안으로 전 ~의 안에 |
| 390 | bad weather | 안 좋은 날씨, 악천후 |

접는선

# DAY 31

| | | |
|---|---|---|
| 391 ☐☐ | **bug** | 명 (작은) 벌레, 곤충 |
| 392 ☐☐ | **ladybug** | 명 무당벌레 |
| 393 ☐☐ | **black** | 형 검은, 검은색의  명 검은색 |
| 394 ☐☐ | **white** | 형 흰, 흰색의  명 흰색 |
| 395 ☐☐ | **beetle** | 명 딱정벌레 |
| 396 ☐☐ | **grasshopper** | 명 메뚜기, 베짱이 |
| 397 ☐☐ | **spider** | 명 거미 |
| 398 ☐☐ | **crab** | 명 게 |
| 399 ☐☐ | **frog** | 명 개구리 |
| 400 ☐☐ | **lizard** | 명 도마뱀 |
| 401 ☐☐ | **zero** | 명 0, 영, 제로 |
| 402 ☐☐ | **wing** | 명 날개 |
| 403 ☐☐ | **a pair of** | 한 쌍의, 한 켤레의 |

# DAY 32

| # | 단어 | 뜻 |
|---|---|---|
| 404 | **shape** | 명 모양, 형태 |
| 405 | **size** | 명 크기, 치수, 사이즈 |
| 406 | **circle** | 명 원형, 동그라미 |
| 407 | **oval** | 명 계란형, 타원형<br>형 계란형의, 타원형의 |
| 408 | **triangle** | 명 삼각형 |
| 409 | **rectangle** | 명 직사각형 |
| 410 | **game** | 명 게임, 경기, 시합 |
| 411 | **find** | 동 찾다, 발견하다 |
| 412 | **picture** | 명 그림, 사진 |
| 413 | **square** | 명 정사각형  형 정사각형 모양의 |
| 414 | **diamond** | 명 다이아몬드, 다이아몬드 모양, 마름모꼴 |
| 415 | **heart** | 명 심장, 하트 모양 |
| 416 | **Good job!** | 잘했어! / 참 잘했어요! |

접는선

# MEMO

# MEMO

# MEMO

# Picture Review

● 그림에 알맞은 단어나 문장을 골라 동그라미 한 후, 우리말 뜻과 함께 쓰세요.

1.
   tall | short

2.
   big | little

3.
   big | cute

4.
   kitten | puppy

5.
   zebra | giraffe

6.
   monkey | puppy

7.
   very big | very short

8.
   There are zebras. | There are elephants.

# DAY 10

학습일:   월   일

**Listen & Say** ① ② ③

118 • 119

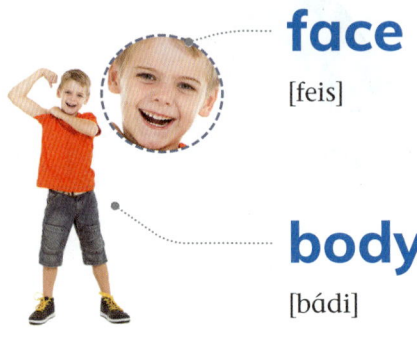

### face
[feis]

(명사) 얼굴

This is my **face**.
이것은 내 **얼굴**이다.

### body
[bádi]

(명사) 몸, 신체

This is my **body**.
이것은 내 **몸**이다.

120 • 121

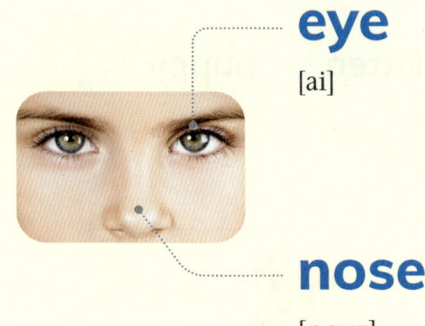

### eye
[ai]

(명사) 눈   *복수형 eyes

two **eyes**   두 개의 **눈**
I have two **eyes**.
나는 **눈**이 두 개다(**눈**을 두 개 갖고 있다).

### nose
[nouz]

(명사) 코   *복수형 noses

a big **nose**   큰 **코** 한 개
I have one **nose**.   나는 **코**가 하나다.

122 • 123

### mouth
[mauθ]

(명사) 입   *복수형 mouths

one big **mouth**   한 개의 큰 **입**
I have one big **mouth**.
나는 큰 **입**을 하나 갖고 있다.

### ear
[iər]

(명사) 귀   *복수형 ears

two big **ears**   두 개의 큰 **귀**
I have two big **ears**.
나는 큰 **귀**를 두 개 갖고 있다.

**124 · 125**

## arm
[ɑːrm]

명사 팔　　*복수형 arms

You have two **arms**.
너는 **팔**이 두 개다.

## hand
[hænd]

명사 손　　*복수형 hands

You have two **hands**.
너는 **손**이 두 개다.

**126 · 127**

## leg
[leg]

명사 다리　　*복수형 legs

You have two **legs**.　너는 **다리**가 두 개다.
Dogs have four **legs**.　개는 **다리**가 네 개다.

## foot
[fut]

명사 발　　*복수형 feet

They have four **feet**.
그들은 **발**이 네 개다.

**128 · 129**

## finger
[fíŋgər]

명사 손가락　　*복수형 fingers

five **fingers**　다섯 개의 **손가락**
ten **fingers**　열 개의 **손가락**

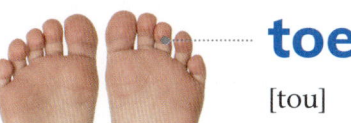

## toe
[tou]

명사 발가락　　*복수형 toes

You have ten **toes**.
너는 열 개의 **발가락**을 갖고 있다.

**130**

## with your eyes

(너의) 눈으로, 눈을 이용하여

You see **with your eyes**.
너는 **눈**으로 본다.

# DAY 10 — Daily Test

**A** 그림에 알맞은 단어와 우리말 뜻을 찾아 연결하세요.

1.  • • face • • 몸, 신체

2.  • • body • • 얼굴

3. 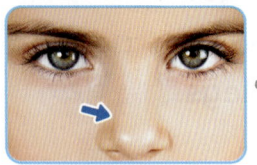 • • eye • • 코

4.  • • nose • • 눈

5.  • • with your eyes • • (너의) 눈으로

**B** 우리말 뜻에 맞게 주어진 글자를 바르게 배열하여 쓰세요.

1. 입    o u m t h    _____

2. 손    n d h a    _____

3. 발    t o o f    _____

4. 손가락    f e r i n g    _____

5. 팔    r m a    _____

# Picture Review

● 그림에 알맞은 단어나 표현을 골라 동그라미 한 후, 우리말 뜻과 함께 쓰세요.

1.
   arm | hand

2.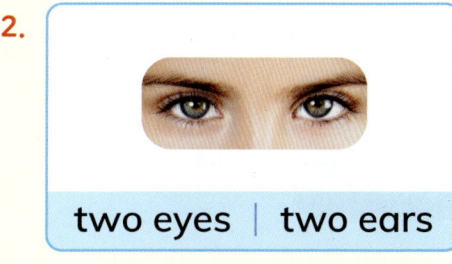
   two eyes | two ears

3.
   nose | face

4.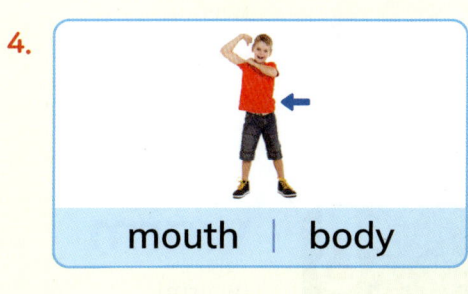
   mouth | body

5.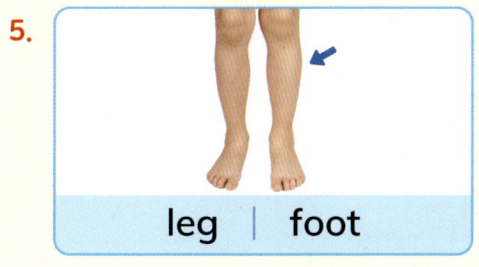
   leg | foot

6.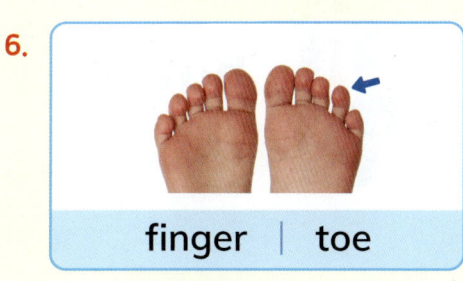
   finger | toe

7.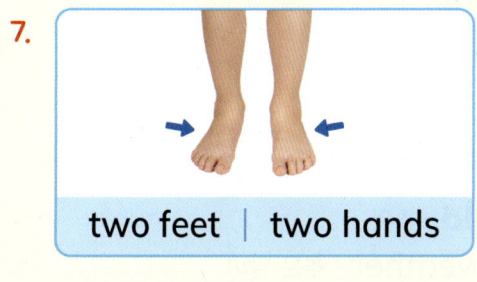
   two feet | two hands

8.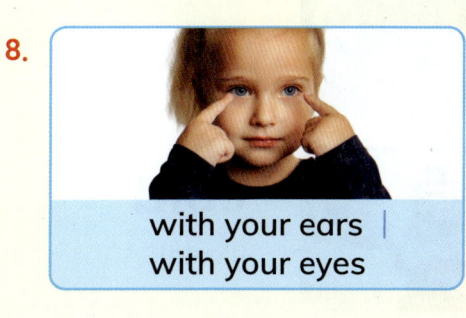
   with your ears | with your eyes

# DAY 11

학습일:    월    일

**Listen & Say** 1 2 3

131 · 132

### sky
[skai]

(명사) 하늘
The **sky** is blue.
하늘이 파랗다.

### weather
[wéðər]

(명사) 날씨
How is the **weather**?
날씨가 어떠니?

133 · 134

### warm
[wɔːrm]

(형용사) 따뜻한, 따스한
It is **warm**.
(날씨가) 따뜻해.

### hot
[hat]

(형용사) 더운, 뜨거운
It is **hot**.   더워.
**hot** weather   더운 날씨

135 · 136

### cool
[kuːl]

(형용사) 선선한, 시원한
It's **cool**.
선선해.

### cold
[kould]

(형용사) 추운, 차가운
It's **cold**.   추워.
**cold** weather   추운 날씨

137 • 138

## sun
[sʌn]

[명사] 태양, 해

the hot sun  뜨거운 태양
The sun is hot.  태양이 뜨겁다.

## sunny
[sʌ́ni]

[형용사] 해가 쨍쨍 내리쬐는, 화창한

It's sunny.
해가 쨍쨍해.

139 • 140

## rainy
[réini]

[형용사] 비가 (많이) 오는   [명사] rain 비

It's rainy.
비가 많이 와.

## snowy
[snóui]

[형용사] 눈이 (많이) 오는   [명사] snow 눈

It's snowy.
눈이 많이 와.

141 • 142

## cloudy
[kláudi]

[형용사] 흐린, 구름이 잔뜩 낀   [명사] cloud 구름

Is it cloudy?
(날씨가) 흐리니?

## windy
[wíndi]

[형용사] 바람이 (많이) 부는   [명사] wind 바람

Is it windy?
바람이 많이 부니?

143

## snowy day

눈 오는 날

It's a snowy day.  눈 오는 날이다.
I like snowy days.  나는 눈 오는 날을 좋아한다.

# DAY 11

## Daily Test

**A** 그림에 알맞은 단어와 우리말 뜻을 찾아 연결하세요.

1. 　　warm　　　　따뜻한, 따스한

2. 　　cold　　　　바람이 부는

3. 　　windy　　　추운, 차가운

4. 　　snowy day　비 오는 날

5. 　　rainy day　　눈 오는 날

**B** 우리말 뜻에 맞게 주어진 글자를 바르게 배열하여 쓰세요.

1. 날씨　　　　　　　　a w t h e e r　　_____

2. 해가 쨍쨍 내리쬐는　　n n s u y　　　_____

3. 눈이 오는　　　　　　s o n w y　　　_____

4. 흐린, 구름이 잔뜩 낀　d y o u c l　　_____

5. 선선한, 시원한　　　　l o c o　　　　_____

## Picture Review

● 그림에 알맞은 단어나 표현을 골라 동그라미 한 후, 우리말 뜻과 함께 쓰세요.

1.
cool | hot

2. sky | sun

3.
snowy | sunny

4.
cold | cloudy

5.
cold | warm

6.
sun | snowy

7.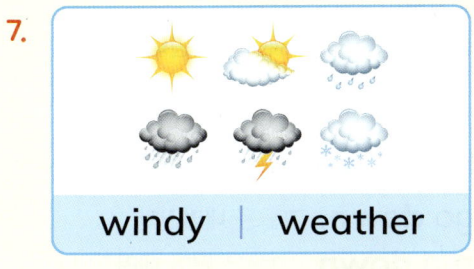
windy | weather

8.
snowy day | rainy day

# DAY 12

학습일:　　　월　　　일

**Listen & Say** 1 2 3

144 • 145

**play**
[plei]

[동사] 놀다, (게임 등을) 하다
Let's **play**.
놀자.

**park**
[pɑːrk]

[명사] 공원
in the **park**　공원에서
Let's play in the **park**.　공원에서 놀자.

146 • 147

**come**
[kʌm]

[동사] 오다
**Come** here!
이리 온!

**go**
[gou]

[동사] 가다
Let's **go** to the park.
공원에 가자.

148 • 149

**up**
[ʌp]

[부사] 위로, 위에
We go **up**.　우리는 올라간다.
We run **up**.　우리는 뛰어 올라간다.

**down**
[daun]

[부사] 아래로, 아래에
They go **down**.　그들은 내려간다.
They run **down**.　그들은 뛰어 내려간다.

150 • 151

## hill
[hil]

명사 언덕

We go up the **hill**.
우리는 **언덕**을 올라간다.

## mountain
[máuntn]

명사 산

They go down the **mountain**.
그들은 **산**을 내려간다.

152 • 153

## river
[rívər]

명사 강

There is a **river**.
**강**이 있다.

## lake
[leik]

명사 호수

There is a **lake**.
**호수**가 있다.

154 • 155

## skate
[skeit]

동사 스케이트를 타다  명사 스케이트화 (한 짝)

Can you **skate**? 너는 스케이트 탈 줄 아니?
my ice **skates**   내 스케이트화

## sled
[sled]

동사 썰매를 타다  명사 썰매

Can you **sled**? 너는 썰매 탈 줄 아니?
a snow **sled**   눈 썰매

156

## have fun

재미있게 놀다, 즐거운 시간을 보내다
**Have fun**! 재미있게 보내!
Let's **have fun**! 즐겁게 놀자!

# DAY 12

## Daily Test

**A** 그림에 알맞은 단어와 우리말 뜻을 찾아 연결하세요.

1.  • • play • • 언덕
2.  • • hill • • 놀다
3.  • • river • • 올라가다
4.  • • go up • • 강
5.  • • go down • • 내려가다

**B** 우리말 뜻에 맞게 주어진 글자를 바르게 배열하여 쓰세요.

1. 산 — n m o u t i n a _____
2. 공원 — a r k p _____
3. 오다 — m e c o _____
4. 스케이트를 타다 — a s k e t _____
5. 썰매를 타다 — s e l d _____

# Picture Review

● 그림에 알맞은 단어나 표현을 골라 동그라미 한 후, 우리말 뜻과 함께 쓰세요.

1.
up | down

2. 
go up | go down

3.
run up | run down

4.
hill | mountain

5.
play | park

6.
river | lake

7.
skate | sled

8.
have fun | run up

# Review Test 03

**DAY 09-12**

**A** 다음 그림을 보고, 우리말에 해당하는 단어를 영어로 쓰세요.

1. 눈이 많이 오는 : _____
2. 놀다 : _____
3. 아주 귀여운 : very _____
4. 어린 강아지 : a _____ puppy  
5. 올라가다 : go _____
6. 내려가다 : go _____
7. 썰매를 타다 : _____
8. 스케이트를 타다 : _____

**B** 그림에 알맞은 단어를 골라 동그라미 하세요.

1.  tall / short
2. 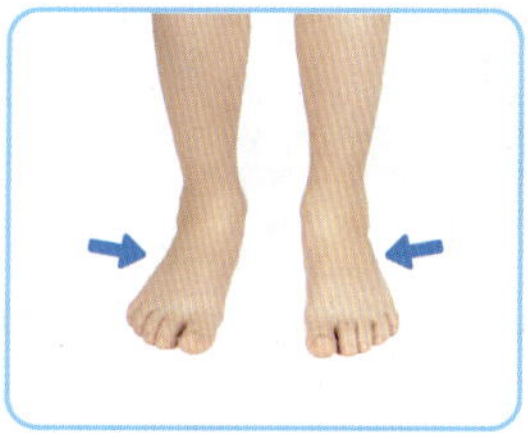 face / feet
3.  hot / cool
4.  body / puppy
5.  weather / windy
6.  sky / sun
7.  river / park
8.  hill / mountain
9. 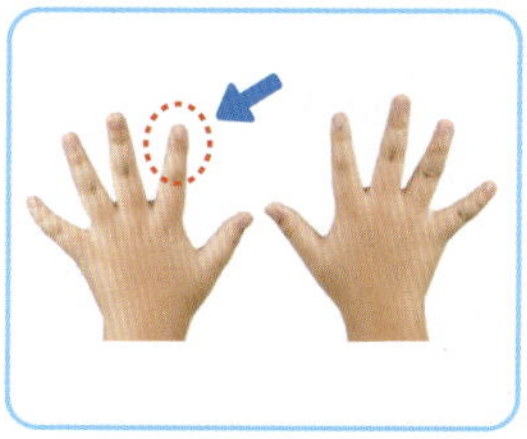 hand / finger
10.  leg / arm

**C** 그림을 보고, 빈칸에 알맞은 단어를 넣으세요.

1.  There are _____.

2.  There are _____.

3.  You have two _____.

4.  You have two _____.

**D** 우리말과 같은 뜻이 되도록 빈칸에 알맞은 단어를 넣으세요.

1. 커다란 코끼리     a _____ elephant
2. 어린 소녀     a _____ girl
3. 파란 하늘     a blue _____
4. 뜨거운 태양     the hot _____
5. 너의 눈으로     _____ your eyes

**E** 주어진 단어와 반대의 뜻을 가진 단어를 <보기>에서 골라 쓰세요.

| come | run down | short |

1. tall     _____
2. go     _____
3. run up     _____

**F** 읽을 수 있는 단어에 체크한 후, 우리말 뜻을 빈칸에 써 보세요.

| | | | |
|---|---|---|---|
| ☐ big | _____ | ☐ sky | _____ |
| ☐ little | _____ | ☐ weather | _____ |
| ☐ tall | _____ | ☐ warm | _____ |
| ☐ short | _____ | ☐ cool | _____ |
| ☐ elephant | _____ | ☐ sun | _____ |
| ☐ giraffe | _____ | ☐ sunny | _____ |
| ☐ very | _____ | ☐ cloudy | _____ |
| ☐ cute | _____ | ☐ windy | _____ |
| ☐ face | _____ | ☐ play | _____ |
| ☐ body | _____ | ☐ come | _____ |
| ☐ arm | _____ | ☐ go | _____ |
| ☐ hand | _____ | ☐ up | _____ |
| ☐ leg | _____ | ☐ down | _____ |
| ☐ foot | _____ | ☐ hill | _____ |
| ☐ finger | _____ | ☐ mountain | _____ |
| ☐ toe | _____ | ☐ lake | _____ |

# DAY 13

학습일:　　　월　　　일

**Listen & Say** ① ② ③

157 • 158

### pet
[pet]

[명사] 애완동물, 반려동물

a **pet** dog　애완견
I have a **pet**.　나는 애완동물이 한 마리 있다.

### meet
[miːt]

[동사] 만나다

**Meet** cute pets.　귀여운 애완동물들을 **만나** 보세요.
Nice to **meet** you.　만나서 반가워요.

159 • 160

### pretty
[príti]

[형용사] 예쁜, 귀여운

My dog is very **pretty**.
우리 개는 아주 **예쁘다**.

### smart
[smaːrt]

[형용사] 똑똑한, 영리한

My dog is very **smart**.
우리 개는 아주 **똑똑하다**.

161 • 162

### ugly
[ʌ́gli]

[형용사] 못생긴, 추한

an **ugly** dog　못생긴 개

### handsome
[hǽnsəm]

[형용사] 잘생긴, 멋진

a **handsome** dog　잘생긴 개
a **handsome** boy　잘생긴 소년

163 • 164

### sit
[sit]

동사 앉다, 앉아 있다

My dog can **sit**.
우리 개는 **앉을** 수 있다.

### stand
[stænd]

동사 서다, 서 있다

My dog can **stand** up.
우리 개는 **일어설** 수 있다.
*stand up (자리에서) 일어나다, 일어서다

165 • 166

### wait
[weit]

동사 기다리다

My dog can **wait**.
우리 개는 **기다릴** 수 있다.

### shake
[ʃeik]

동사 흔들다, 털다

My dog can **shake**.
우리 개는 **흔들** 수 있다.

167 • 168

### catch
[kætʃ]

동사 (움직이는 물체를) 잡다

My dog can **catch** a ball.
우리 개는 공을 **잡을** 수 있다.

### hug
[hʌg]

동사 포옹하다, 껴안다

My dog can **hug** me.
우리 개는 나를 **안아 줄** 수 있다.

169

악수를 하다

My dog can **shake hands**.
우리 개는 **악수를 할** 수 있다.

71

# DAY 13

## Daily Test

**A** 그림에 알맞은 단어와 우리말 뜻을 찾아 연결하세요.

**B** 우리말 뜻에 맞게 주어진 글자를 바르게 배열하여 쓰세요.

1. 똑똑한, 영리한    m s r t a    _____

2. 잘생긴, 멋진    d a n h m e s o    _____

3. 서다, 서 있다    s n d t a    _____

4. 잡다    c h t c a    _____

5. 흔들다, 털다    s h e a k    _____

## Picture Review

🟠 그림에 알맞은 단어나 표현을 골라 동그라미 한 후, 우리말 뜻과 함께 쓰세요.

1.
ugly | handsome

2.
stand | smart

3.
sit | stand up

4.
shake | skate

5.
pet | meet

6.
hug | catch

7.
shake | sit

8.
shake hands | stand up

# DAY 14

학습일:　　월　　일

**Listen & Say** ① ② ③

### 170 • 171

**in**
[in]

[전치사] ~ 안에, ~ 속에
**in** the box　상자 안에

**on**
[ən]

[전치사] ~ 위에 (표면에 닿아 있는 상태)
**on** the box　상자 위에

### 172 • 173

**under**
[ʌ́ndər]

[전치사] ~ (바로) 아래에
**under** the box　상자 아래에

**over**
[óuvər]

[전치사] (표면에 닿지 않게) ~ 위에, ~ 위로
**over** the box　상자 위로
jump **over** the box　상자 위로 뛰어오르다

### 174 • 175

**beside**
[bisáid]

[전치사] ~ 옆에, ~ 쪽에　[유의어] by ~ 옆에
sit **beside** me　내 옆에 앉다
The cat is **beside** me.　고양이는 내 옆에 있다.

**behind**
[biháind]

[전치사] ~ 뒤에　[반의어] in front of ~ 앞에
sit **behind** me　내 뒤에 앉다

### 176 · 177

**mat** [mæt]

(명사) 매트, 깔개

sit on the **mat**   매트 위에 앉다
The cat is on the **mat**.
그 고양이는 **매트** 위에 있다.

**hat** [hæt]

(명사) 모자

The cat is in the **hat**.
그 고양이는 **모자** 안에 있다.

### 178 · 179

**cap** [kæp]

(명사) (앞부분에 챙이 달린) 모자

It is on the **cap**.
그것은 **모자** 위에 있다.

**shoe** [ʃuː]

(명사) 신, 신발 (한 짝)   *복수형 **shoes**

It is in the **shoe**.
그것은 **신발** 안에 있다.

### 180 · 181

**bad** [bæd]

(형용사) 나쁜, 안 좋은

**Bad** cat!
이런 **못된** 고양이!

**good** [gud]

(형용사) 좋은, 착한

**Good** cat!
**착한** 고양이구나(착하기도 하지)!

### 182

**on my lap**

내 무릎 위에

You can sit **on my lap**.   내 무릎 위에 앉으렴.
Coco is **on my lap**.   코코는 내 무릎 위에 있다.

75

# DAY 14

## Daily Test

**A** 그림에 알맞은 단어와 우리말 뜻을 찾아 연결하세요.

1.  • • in • • ~ 안에, ~ 속에

2.  • • on • • ~ (바로) 아래에

3.  • • under • • ~ 위에

4.  • • over • • ~ 옆에, ~ 쪽에

5.  • • beside • • (닿지 않게) ~ 위에, ~ 위로

**B** 우리말 뜻에 맞게 주어진 글자를 바르게 배열하여 쓰세요.

1. ~ 뒤에     e b h n d i     _____

2. 신발     s o e h s     _____

3. 좋은, 착한     d o o g     _____

4. 나쁜, 안 좋은     d a b     _____

5. 매트, 깔개     a t m     _____

# Picture Review

🟠 그림에 알맞은 단어나 표현을 골라 동그라미 한 후, 우리말 뜻과 함께 쓰세요.

1.
in | on

2.
over | under

3.
beside | behind

4.
cap | hat

5.
good | bad

6.
on the mat | under the mat

7.
in the box | under the box

8.
beside me | on my lap

# DAY 15

학습일:   월   일

**Listen & Say** ① ② ③

### 183 · 184

**room**
[ruːm]

명사 **방**
This is my **room**.
이것은 내 **방**이야.

**bed**
[bed]

명사 **침대**
That is my **bed**.
저것은 내 **침대**야.

### 185 · 186

**door**
[dɔːr]

명사 **문**
There is a **door**.
**문**이 하나 있다.

**window**
[wíndou]

명사 **창문**
There is a **window**.
**창문**이 하나 있다.

### 187 · 188

**ball**
[bɔːl]

명사 **공**
a tennis **ball**   테니스 **공**
play with a **ball**   **공**을 가지고 놀다

**doll**
[dɑl]

명사 **인형**
a cute **doll**   귀여운 **인형**
play with a **doll**   **인형**을 가지고 놀다

189 • 190

## toy
[tɔi]

(명사) 장난감

I like **toys**.
나는 **장난감**을 좋아해.

## teddy bear
[tédi bɛər]

(명사) 곰 인형

I like my **teddy bear**.
나는 내 **곰 인형**을 좋아해.

191 • 192

## computer
[kəmpjúːtər]

(명사) 컴퓨터

I have a **computer**.
나는 **컴퓨터**가 한 대 있어.

## robot
[róubət]

(명사) 로봇

I have two **robots**.
나는 **로봇**이 두 개 있어.

193 • 194

## new
[nu]

(형용사) 새로운, 새것의

a **new** robot    새 로봇
This is **new**.  이것은 새 거야.

## old
[ould]

(형용사) 1. 낡은, 오래된  2. 늙은

an **old** robot    오래된 로봇
That is **old**.  저것은 오래된 거야.

195

## smart speaker

스마트 스피커, 인공지능 스피커
= AI speaker

This is my **smart speaker**, Mini.
이것은 내 **스마트 스피커** 미니야.

# DAY 15

## Daily Test

**A** 그림에 알맞은 단어와 우리말 뜻을 찾아 연결하세요.

1.    bed   침대
2.    door   새로운, 새것의
3.    doll   문
4.    old   인형
5.    new   낡은, 오래된

**B** 우리말 뜻에 맞게 주어진 글자를 바르게 배열하여 쓰세요.

1. 방          m o o r
2. 창문        d o w i n w
3. 컴퓨터      o m c p t u e r
4. 로봇        r b o o t
5. 스피커      k e r s p e a

# Picture Review

🔸 그림에 알맞은 단어나 표현을 골라 동그라미 한 후, 우리말 뜻과 함께 쓰세요.

1.
ball | doll

2.
toy | doll

3.
door | window

4.
bed | room

5.
robot | teddy bear

6.
new | old

7.
speaker | computer

8.
robot | smart speaker

# DAY 16

학습일:     월     일

**Listen & Say** ① ② ③

196 • 197

### eat
[iːt]

동사 먹다
I **eat**.
나는 먹는다.

### cookie
[kúki]

명사 쿠키
I eat a **cookie**.
나는 쿠키를 먹는다.

198 • 199

### drink
[driŋk]

동사 (음료를) 마시다   명사 음료
I **drink**.  나는 마신다.
a hot **drink**   따뜻한 음료

### milk
[milk]

명사 우유
I drink **milk**.
나는 우유를 마신다.

200 • 201

### brush
[brʌʃ]

동사 이를 닦다, 칫솔질을 하다
명사 솔, 솔질
I **brush**.  나는 (이를) 닦는다.
*****toothbrush** 칫솔

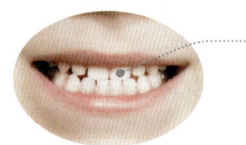

### tooth
[tuːθ]

명사 이, 치아 (한 개)   *****복수형 teeth**
I brush my **teeth**.
나는 이를 닦는다.

202 • 203

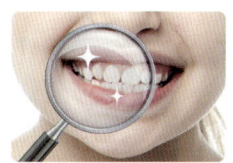

### clean
[kliːn]

[형용사] 깨끗한

**clean** teeth　깨끗한 이
My teeth are **clean**.　내 이는 깨끗하다.

### dirty
[də́ːrti]

[형용사] 더러운, 지저분한

**dirty** hands　더러운 손
Your hands are **dirty**.　네 손은 더럽다.

204 • 205

### wash
[waʃ]

[동사] 씻다

**Wash** your hands.　손을 씻어라.
I **wash** my hands.　나는 손을 씻는다.

### shower
[ʃáuər]

[명사] 샤워(하기)　[동사] 샤워를 하다

Take a **shower**.　샤워를 해라.
I **shower**.　나는 샤워를 한다.

206 • 207

### homework
[hóumwərk]

[명사] 숙제

my **homework**　내 숙제

### do
[du]

[동사] (어떤 동작이나 행동을) 하다

**Do** your homework.　네 숙제를 해라.
I **do** my homework.　나는 숙제를 한다.

208

### go to bed

잠자리에 들다, 자러 가다

**Go to bed**, John.　그만 자거라, 존.
I **go to bed**.　나는 잠자리에 든다.

# DAY 16

## Daily Test

**A** 그림에 알맞은 단어와 우리말 뜻을 찾아 연결하세요.

1.   •   • eat  •   • 먹다

2.   •   • drink  •   • 씻다

3. 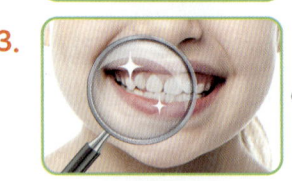  •   • wash  •   • 마시다

4.   •   • clean  •   • 더러운, 지저분한

5.   •   • dirty  •   • 깨끗한

**B** 우리말 뜻에 맞게 주어진 글자를 바르게 배열하여 쓰세요.

1. 쿠키    k o o c i e    _____

2. 이를 닦다    s h b r u    _____

3. 이, 치아    t t h o o    _____

4. 샤워; 샤워를 하다    o s h e r w    _____

5. 숙제    m e w o r k h o    _____

## Picture Review

● 그림에 알맞은 단어나 표현을 골라 동그라미 한 후, 우리말 뜻과 함께 쓰세요.

1.
eat | drink

2. milk | cookie

3.
dirty | drink

4.
homework | shower

5.
wash | brush

6.
clean | dirty

7.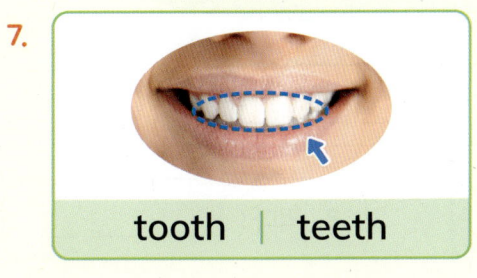
tooth | teeth

8.
take a shower | go to bed

# Review Test 04

DAY 13-16

**A** 다음 그림을 보고, 우리말에 해당하는 단어를 영어로 쓰세요.

1. 애완견 : _____ dog
2. (닿지 않게) ~ 위에, ~ 위로 : _____
3. ~ 위에 : _____
4. 일어서다 : _____ up

5. 잡다 : _____
6. 똑똑한 : _____
7. 포옹하다 : _____
8. 먹다 : _____

**B** 그림에 알맞은 단어를 골라 동그라미 하세요.

1.  under / ugly

2.  shower / shake

3.  beside / behind

4.  ball / doll

5.  new / old

6.  drink / dirty

7.  door / window

8.  wash / brush

9. handsome / homework

10. robot / computer

**C** 그림을 보고, 빈칸에 알맞은 단어를 넣으세요.

1. The cat is _____ the shoe.

2.  The cat is _____ me.

3. This is my _____.

4.  This is my _____ _____.

**D** 우리말과 같은 뜻이 되도록 빈칸에 알맞은 단어를 넣으세요.

1. 애완견      a _____ dog
2. 못생긴 개      an _____ dog
3. 착한 고양이      a _____ cat
4. 이를 닦다      brush my _____
5. 잠자리에 들다      go to _____

**E** 주어진 단어와 반대의 뜻을 가진 단어를 <보기>에서 골라 쓰세요.

| new | dirty | stand |

1. clean      _____
2. old      _____
3. sit      _____

**F** 읽을 수 있는 단어에 체크한 후, 우리말 뜻을 빈칸에 써 보세요.

| | | | |
|---|---|---|---|
| ☐ pet | _____ | ☐ door | _____ |
| ☐ smart | _____ | ☐ window | _____ |
| ☐ ugly | _____ | ☐ toy | _____ |
| ☐ handsome | _____ | ☐ teddy bear | _____ |
| ☐ sit | _____ | ☐ computer | _____ |
| ☐ stand | _____ | ☐ robot | _____ |
| ☐ shake | _____ | ☐ new | _____ |
| ☐ catch | _____ | ☐ old | _____ |
| ☐ under | _____ | ☐ eat | _____ |
| ☐ over | _____ | ☐ drink | _____ |
| ☐ beside | _____ | ☐ brush | _____ |
| ☐ behind | _____ | ☐ tooth | _____ |
| ☐ mat | _____ | ☐ clean | _____ |
| ☐ cap | _____ | ☐ dirty | _____ |
| ☐ bad | _____ | ☐ wash | _____ |
| ☐ good | _____ | ☐ shower | _____ |

# DAY 17

학습일:    월    일

**Listen & Say** 1 2 3

209 • 210

### school
[skuːl]

명사 학교

This is my **school**.  여기가 우리 **학교**야.
I like my **school**.  나는 우리 **학교**가 좋아.

### classroom
[klǽsrùːm]

명사 교실

This is my **classroom**.
여기가 우리 **교실**이야.

211 • 212

### teacher
[tíːtʃər]

명사 교사, 선생님

She is my **teacher**.
그녀는 우리 **선생님**이다.

### student
[stjuːdnt]

명사 학생

He is a **student**.
그는 **학생**이다.

213 • 214

### map
[mæp]

명사 지도

There is a **map**.
**지도**가 하나 있다.

### globe
[gloub]

명사 지구본

There is a **globe**.
**지구본**이 하나 있다.

215 • 216

**board**
[bɔːrd]

(명사) 칠판, 게시판  *whiteboard 화이트보드

There is a **board**.
칠판이 하나 있다.

**clock**
[klɑk]

(명사) 시계

There is a **clock**.
시계가 하나 있다.

217 • 218

**desk**
[desk]

(명사) 책상

There are **desks**.
책상들이 있다.

**chair**
[tʃɛər]

(명사) 의자

There are **chairs**.
의자들이 있다.

219 • 220

**many**
[méni]

(형용사) 많은, 여러

**many** books  많은 책들

**kid**
[kid]

(명사) 아이, 청소년 (비격식)
(유의어) child 아이, 어린이

There are many **kids**.  많은 아이들이 있다.

221

**welcome to**

~에 온 것을 환영하다

**Welcome to** my school.
우리 학교에 온 것을 환영해.

**Welcome to** Korea.  한국에 오신 것을 환영합니다.

# DAY 17

## Daily Test

**A** 그림에 알맞은 단어와 우리말 뜻을 찾아 연결하세요.

1.   •    • map    •    • 지구본

2.   •    • globe    •    • 지도

3.   •    • clock    •    • 많은 책들

4.   •    • many books    •    • 시계

5.   •    • many kids    •    • 많은 아이들

**B** 우리말 뜻에 맞게 주어진 글자를 바르게 배열하여 쓰세요.

1. 학교    o o l s c h    _____

2. 교실    s s c l a o o m r    _____

3. 교사, 선생님    c h t e a e r    _____

4. 학생    s t u t e n d    _____

5. 환영하다    c o m w e l e    _____

## Picture Review

● 그림에 알맞은 단어나 문장을 골라 동그라미 한 후, 우리말 뜻과 함께 쓰세요.

1.
school | student

2.
clock | chair

3.
desk | teacher

4.
room | classroom

5.
board | globe

6.
student | smart

7.
many books | many kids

8.
Welcome to my school. | Welcome to my classroom.

# DAY 18

학습일:       월       일

**Listen & Say**  1  2  3

222 · 223

### English
[íŋgliʃ]

명사 영어, 영어 과목

I like **English**.
나는 **영어**를 좋아한다.

### class
[klæs]

명사 수업

English **class**   영어 수업
I like English **class**.   나는 영어 **수업**을 좋아한다.

224 · 225

### math
[mæθ]

명사 수학   =mathematics

I like **math**.
나는 **수학**을 좋아한다.

### science
[sáiəns]

명사 과학

I like **science**.
나는 **과학**을 좋아한다.

226 · 227

### music
[mjúːzik]

명사 음악

**music** teacher   음악 선생님
I like **music** class.   나는 **음악** 수업을 좋아한다.

### art
[ɑːrt]

명사 미술, 예술

I like **art** class.
나는 **미술** 수업을 좋아한다.

228 · 229

## P.E.
[píːiː]

(명사) 체육  = physical education
I like **P.E.** class.
나는 **체육** 수업을 좋아한다.

## playground
[pléigràund]

(명사) 운동장, 놀이터
We play on the **playground**.
우리는 **운동장**에서 논다.

230 · 231

## sport
[spɔːrt]

(명사) 스포츠, 운동, 경기
I like **sports**.
나는 **스포츠**를 좋아한다.

## favorite
[féivərit]

(형용사) 가장 좋아하는
my **favorite** sport   내가 가장 좋아하는 스포츠
What's your **favorite** sport?
네가 가장 좋아하는 스포츠는 뭐니?

232 · 233

## paint
[peint]

(동사) (물감으로) 그리다, 페인트를 칠하다
(명사) 페인트
**paint** a picture   그림을 그리다

## speak
[spiːk]

(동사) 말하다, 이야기를 주고받다
**speak** English   영어를 말하다, 영어로 말하다
I can **speak** English.   나는 영어로 말할 수 있다.

234

**like to**

~하는 것을 좋아하다
I **like to** sing.   나는 노래 부르는 것을 좋아한다.
I **like to** paint.   나는 그림 그리는 것을 좋아한다.

# DAY 18

## Daily Test

**A** 그림에 알맞은 단어와 우리말 뜻을 찾아 연결하세요.

1.
2.
3.
4.
5.

- English — 체육
- math — 영어
- P.E. — 수학
- music class — 미술 수업
- art class — 음악 수업

**B** 우리말 뜻에 맞게 주어진 글자를 바르게 배열하여 쓰세요.

1. 과학 — e n c e s c i  _____
2. 운동장, 놀이터 — p a l y n d g r o u  _____
3. 가장 좋아하는 — f a i t e v o r  _____
4. 말하다 — a e k s p  _____
5. (물감으로) 그리다 — p n a i t  _____

## Picture Review

그림에 알맞은 단어나 문장을 골라 동그라미 한 후, 우리말 뜻과 함께 쓰세요.

1.
sport | science

2.
speak | sport

3.
play | playground

4.
class | clock

5.
favorite | picture

6.
English class | math class

7.
speak English | paint a picture

8.
I like to sing. | I like to paint.

# DAY 19

학습일: 월 일

**Listen & Say** 1 2 3

235 · 236

### bike
[baik]

[명사] 자전거 (비격식)  [유의어] **bicycle** 자전거

I have a **bike**.
나는 **자전거**가 있다.

### ride
[raid]

[동사] (탈것을) 타다, 타고 가다

I can **ride** a bike.  나는 자전거를 **탈** 줄 안다.
I can **ride** a horse.  나는 말을 **탈** 줄 안다.

237 · 238

### helmet
[hélmit]

[명사] 헬멧

a bike **helmet**  자전거 헬멧

### wear
[wɛər]

[동사] 입고 있다, 신고[쓰고/착용하고] 있다

**wear** a helmet  헬멧을 쓰다
**Wear** your helmet.  네 헬멧을 써라.

239 · 240

### fast
[fæst]

[부사] 빨리, 빠르게  [형용사] 빠른

I can go **fast**.
나는 **빨리** 갈 수 있다.

### slowly
[slóuli]

[부사] 천천히, 느리게  [형용사] **slow** 느린

Go **slowly**.
**천천히** 가거라.

241 • 242

## skateboard
[skéitbɔ̀ːrd]

명사 스케이트보드   동사 스케이트보드를 타다

Can you ride a **skateboard**?
너는 스케이트보드를 탈 줄 아니?

## snowboard
[snóubɔ̀ːrd]

명사 스노보드   동사 스노보드를 타다

Can you ride a **snowboard**?
너는 스노보드를 탈 줄 아니?

---

243 • 244

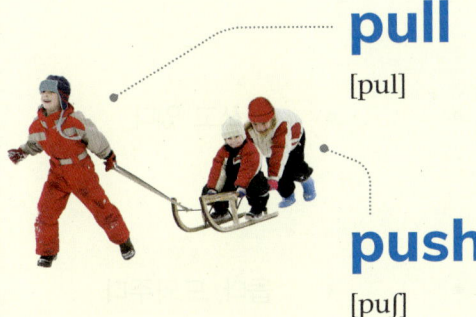

## pull
[pul]

동사 끌다, 끌어당기다

I like to **pull**.
나는 끄는 게 좋아.

## push
[puʃ]

동사 밀다

I like to **push**.
나는 미는 게 좋아.

---

245 • 246

## watch
[watʃ]

동사 (관심을 기울이며) 보다, 지켜보다

**Watch** me! I can go fast.
날 **잘 봐**! 난 빨리 갈 수 있어.

## help
[help]

동사 돕다, 도와주다

**Help** me! 도와주세요!
Can you **help** me? 저 좀 **도와주시겠어요**?

---

247

## watch out

조심하다, 주의하다
**Watch out**!
조심해!

# DAY 19 Daily Test

**A** 그림에 알맞은 단어와 우리말 뜻을 찾아 연결하세요.

**B** 우리말 뜻에 맞게 주어진 글자를 바르게 배열하여 쓰세요.

1. 헬멧    h e m l e t
2. 빨리, 빠르게    t a s f
3. 천천히, 느리게    w s l o l y
4. 스케이트보드    b o s k e t a a r d
5. 밀다    s h p u

# Picture Review

● 그림에 알맞은 단어나 문장을 골라 동그라미 한 후, 우리말 뜻과 함께 쓰세요.

1.
help | helmet

2.
watch | wear

3.
skateboard | snowboard

4.
pull | push

5.
help | watch

6.
ride a bike | ride a horse

7.
go fast | go slowly

8.
Help me! | Watch out!

# DAY 20

학습일:    월    일

**Listen & Say** 1 2 3

### 248 · 249

**singer**
[síŋər]

명사 노래하는 사람, 가수   동사 sing 노래하다
He is a **singer**.
그는 가수이다.

**dancer**
[dǽnsər]

명사 무용수, 댄서   동사 dance 춤추다
She is a **dancer**.
그녀는 무용수이다.

### 250 · 251

**doctor**
[dáktər]

명사 의사
I am a **doctor**.
나는 의사이다.

**nurse**
[nə:rs]

명사 간호사
I am a **nurse**.
나는 간호사이다.

### 252 · 253

**work**
[wə:rk]

동사 일하다, 작업하다   명사 일, 작업
We **work**.
우리는 일한다.

**hospital**
[háspitl]

명사 병원
at the **hospital**   병원에서
We work at the **hospital**.
우리는 병원에서 일한다.

254 • 255

## zookeeper
[zú:kìːpər]

(명사) 동물원 사육사, 동물원 관리자
You are a **zookeeper**.
너는 **동물원 사육사**이다.

## zoo
[zuː]

(명사) 동물원
You work at the **zoo**.
너는 **동물원**에서 일한다.

256 • 257

## firefighter
[fáiərfaitər]

(명사) 소방관  = fire fighter
(명사) fire 불, 화재
We are **firefighters**.
우리는 **소방관들**이다.

## fire station
[faiər stéiʃən]

(명사) 소방서
We work at the **fire station**.
우리는 **소방서**에서 일한다.

258 • 259

## police officer
[pəlíːs ɔ́ːfisər]

(명사) 경찰관   (명사) police 경찰
They are **police officers**.
그들은 **경찰관들**이다.

## police station
[pəlíːs stéiʃən]

(명사) 경찰서
They work at the **police station**.
그들은 **경찰서**에서 일한다.

260

## at home

집에, 집에서
I work **at home**.  나는 **집에서** 일한다.
I help **at home**.  나는 **집에서** 돕는다.

# DAY 20

## Daily Test

**A** 그림에 알맞은 단어와 우리말 뜻을 찾아 연결하세요.

1.   •    • singer    •    • 가수

2.   •    • dancer    •    • 소방관

3.   •    • firefighter    •    • 무용수, 댄서

4.   •    • police officer    •    • 동물원

5.   •    • zoo    •    • 경찰관

**B** 우리말 뜻에 맞게 주어진 글자를 바르게 배열하여 쓰세요.

1. 의사            t o c d o r        _____

2. 간호사          s e n u r          _____

3. 병원            p o s t a l h i    _____

4. 동물원 사육사   e e z o o k p e r  _____

5. 일하다, 작업하다  r k w o          _____

# Picture Review

● 그림에 알맞은 단어나 표현을 골라 동그라미 한 후, 우리말 뜻과 함께 쓰세요.

1.
   dancer | singer

2.
   doctor | nurse

3.
   zoo | zookeeper

4.
   firefighter | police officer

5.
   welcome | work

6.
   fire station | police station

7.
   at the zoo | at the hospital

8.
   at home | at the police station

# Review Test 05

DAY 17-20

**A** 다음 그림을 보고, 우리말에 해당하는 단어를 영어로 쓰세요.

1. 환영하다 : _____
2. 교실 : _____
3. 교사 : _____
4. 가장 좋아하는 : _____

5. 수학 수업 : _____ class
6. 과학 수업 : _____ class
7. (물감으로) 그리다 : _____
8. 영어로 말하다 : _____ English

**B** 그림에 알맞은 단어를 골라 동그라미 하세요.

1. globe / map

2.  class / clock

3. art / music

4.  sport / science

5.  English / P.E.

6.  playground / classroom

7.  bike / board

8.  help / ride

9.  wear / watch

10.  police station / fire station

**C** 그림을 보고, 빈칸에 알맞은 단어를 넣으세요.

1.  I like to _____.

2.  I like to _____.

3.  I work at the _____.

4.  We work at the _____.

**D** 우리말과 같은 뜻이 되도록 빈칸에 알맞은 단어를 넣으세요.

1. 미술 수업 _____ class
2. 운동장에서 놀다 play on the _____
3. 네가 가장 좋아하는 스포츠 your _____ sport
4. 자전거를 타다 _____ a bike
5. 헬멧을 쓰다 _____ a helmet

**E** 주어진 단어와 반대의 뜻을 가진 단어를 <보기>에서 골라 쓰세요.

| push | slowly | student |

1. pull _____
2. teacher _____
3. fast _____

**F** 읽을 수 있는 단어에 체크한 후, 우리말 뜻을 빈칸에 써 보세요.

- [ ] school _____
- [ ] classroom _____
- [ ] teacher _____
- [ ] student _____
- [ ] map _____
- [ ] globe _____
- [ ] many _____
- [ ] kid _____
- [ ] math _____
- [ ] science _____
- [ ] music _____
- [ ] art _____
- [ ] playground _____
- [ ] sport _____
- [ ] favorite _____
- [ ] speak _____

- [ ] ride _____
- [ ] wear _____
- [ ] fast _____
- [ ] slowly _____
- [ ] pull _____
- [ ] push _____
- [ ] watch _____
- [ ] help _____
- [ ] doctor _____
- [ ] nurse _____
- [ ] work _____
- [ ] hospital _____
- [ ] firefighter _____
- [ ] fire station _____
- [ ] police officer _____
- [ ] police station _____

# DAY 21

학습일:   월   일

**Listen & Say** 1 2 3

261 • 262

### spring
[spriŋ]

명사 봄

It's **spring**.
봄이다.

### summer
[sʌ́mər]

명사 여름

It's **summer**.
여름이다.

263 • 264

### fall
[fɔːl]

명사 가을   = autumn

It's **fall**.
가을이다.

### winter
[wíntər]

명사 겨울

It's **winter**.
겨울이다.

265 • 266

### bird
[bəːrd]

명사 새

I see a **bird**.
나는 (어떤) 새를 본다.

### tree
[triː]

명사 나무

The bird is in the **tree**.
그 새는 나무에 있다.

267 • 268

### butterfly
[bʌ́tərflài]

[명사] 나비

I see a **butterfly**.
나는 (어떤) **나비**를 본다.

### flower
[fláuər]

[명사] 꽃

The butterfly is on the **flower**.
그 나비는 **꽃** 위에 있다.

---

269 • 270

### leaf
[liːf]

[명사] 잎, 나뭇잎  *복수형 leaves

a green **leaf**  푸른 나뭇잎
green **leaves**  푸른 나뭇잎들

### grass
[græs]

[명사] 풀, 잔디

green **grass**  푸른 잔디
The **grass** is green.  잔디가 푸르다.

---

271 • 272

### beautiful
[bjúːtəfəl]

[형용사] 아름다운, 멋진

**beautiful** flowers  아름다운 꽃들

### garden
[gáːrdn]

[명사] 정원

a beautiful **garden**  아름다운 **정원**
I see a spring **garden**.  나는 봄의 **정원**을 본다.

---

273

### four seasons

사계절

There are **four seasons**.
**사계절**이 있다.

# DAY 21

## Daily Test

**A** 그림에 알맞은 단어와 우리말 뜻을 찾아 연결하세요.

1.   •  • bird •  • 새

2.   •  • leaf •  • 풀, 잔디

3.   •  • grass •  • 잎, 나뭇잎

4.   •  • spring •  • 가을

5.   •  • fall •  • 봄

**B** 우리말 뜻에 맞게 주어진 글자를 바르게 배열하여 쓰세요.

1. 아름다운 — teafulubi _____

2. 나비 — blyfutter _____

3. 정원 — dargen _____

4. 꽃 — fwleor _____

5. 여름 — sermum _____

# Picture Review

● 그림에 알맞은 단어나 표현을 골라 동그라미 한 후, 우리말 뜻과 함께 쓰세요.

1.
tree | bird

2.
summer | winter

3.
leaf | flower

4.
grass | garden

5.
bird | butterfly

6.
ugly | beautiful

7.
a green leaf | green grass

8.
spring | four seasons

# DAY 22

학습일:　　월　　일

**Listen & Say** 1 2 3

274 • 275

### live
[liv]

[동사] (~에) 살다, 거주하다
Birds **live** in the tree.
새들은 나무에서 산다.

### where
[hwɛər]

[부사] 어디에, 어디에서
**Where** do you live?
너는 어디에서 살고 있니?

276 • 277

### here
[hiər]

[부사] 여기에(서)
Who lives **here**?
여기에 누가 사니?

### there
[ðɛər]

[부사] 저기에(서), 거기에(서)
Who lives **there**?
저기에 누가 사니?

278 • 279

### house
[haus]

[명사] 집
in the **house**　집에
Who lives in the **house**?
집에는 누가 사니?

### people
[píːpl]

[명사] 사람들
**People** live in the house.
집에는 **사람들**이 산다.

280 • 281

### cave
[keiv]

명사 동굴, 굴

in the **cave** 동굴에
What lives in the **cave**? 동굴에는 무엇이 사니?

### bear
[bɛər]

명사 곰

**Bears** live in the cave.
동굴에는 **곰들**이 산다.

---

282 • 283

### nest
[nest]

명사 (새의) 둥지

Birds live in the **nest**.
새들은 **새 둥지**에서 산다.

### hive
[haiv]

명사 벌집

Bees live in the **hive**.
**벌집**에는 벌들이 산다.

---

284 • 285

### ocean
[óuʃən]

명사 대양, 바다   유의어 sea 바다

What lives in the **ocean**?
**바다**에는 무엇이 사니?

### fish
[fiʃ]

명사 물고기   *복수형 fish, fishes

**Fish** live in the ocean.
바다에는 **물고기들**이 산다.

---

286

### a lot of

많은 = lots of   유의어 many 많은

**a lot of** people   많은 사람들
There are **a lot of** people.   사람들이 **많이** 있다.

# DAY 22

## Daily Test

**A** 그림에 알맞은 단어와 우리말 뜻을 찾아 연결하세요.

1.  • • house • • 동굴, 굴

2.  • • cave • • 곰

3.  • • bear • • 집

4.  • • fish • • (새의) 둥지

5.  • • nest • • 물고기

**B** 우리말 뜻에 맞게 주어진 글자를 바르게 배열하여 쓰세요.

1. 어디에, 어디에서    h e w r e    _____

2. 저기에, 거기에    t e r e h    _____

3. 사람들    p l e p e o    _____

4. 벌집    v i h e    _____

5. 대양, 바다    n o c e a    _____

## Picture Review

● 그림에 알맞은 단어나 표현을 골라 동그라미 한 후, 우리말 뜻과 함께 쓰세요.

1.
here | there

2.
hive | live

3.
cave | hive

4.
people | police

5.
ocean | nest

6.
house | people

7.
in the cave | in the hive

8.
a lot of fish
a lot of people

# DAY 23

학습일:   월   일

**Listen & Say** 1 2 3

### 287 · 288

**delicious**
[dilíʃəs]

형용사 아주 맛있는   유의어 **yummy** (비격식)

It is **delicious**.
맛있다.

**food**
[fuːd]

명사 음식

delicious **food**   맛있는 음식

### 289 · 290

**rice**
[rais]

명사 쌀, 밥

I like **rice**.
나는 밥을 좋아한다.

**bread**
[bred]

명사 빵

I like **bread**.
나는 빵을 좋아한다.

### 291 · 292

**hamburger**
[hǽmbə̀ːrgər]

명사 햄버거

Do you like **hamburgers**?
너는 햄버거를 좋아하니?

**sandwich**
[sǽndwitʃ]

명사 샌드위치   *복수형 **sandwiches**

Do you like **sandwiches**?
너는 샌드위치를 좋아하니?

293 • 294

## chicken
[tʃíkən]

명사 치킨

I like **chicken**.
나는 **치킨**을 좋아한다.

## pizza
[píːtsə]

명사 피자

I like **pizza**.
나는 **피자**를 좋아한다.

295 • 296

## ice cream
[ais kriːm]

명사 아이스크림

sweet **ice cream**   달콤한 아이스크림

## cake
[keik]

명사 케이크

a yummy **cake**   맛있는 케이크

297 • 298

## share
[ʃɛər]

동사 (함께) 나누다, 나눠 갖다

We **share**.  우리는 함께 나눈다.
We **share** pizza.  우리는 피자를 나눠 먹는다.

## lunch
[lʌntʃ]

명사 점심, 점심 식사

We eat **lunch**.  우리는 점심을 먹는다.
We share **lunch**.  우리는 점심을 나눠 먹는다.

299

## Here you are.

여기 있어(요). / 이거 받으세요.
*뭔가를 건네면서 하는 말

**Here you are.**  여기 있어요.

# DAY 23

## Daily Test

**A** 그림에 알맞은 단어와 우리말 뜻을 찾아 연결하세요.

1.    •   chicken   •   케이크

2.    •   cake   •   나누다, 나눠 갖다

3.    •   share   •   치킨

4.    •   rice   •   빵

5.    •   bread   •   쌀, 밥


**B** 우리말 뜻에 맞게 주어진 글자를 바르게 배열하여 쓰세요.

1. 음식        d o f o

2. 점심 식사   c h u n l

3. 햄버거      b u r h e m g a r

4. 샌드위치    w i n d s a c h

5. 아주 맛있는 c i l i o u d e s

## Picture Review

🟠 그림에 알맞은 단어나 문장을 골라 동그라미 한 후, 우리말 뜻과 함께 쓰세요.

1.

rice | cake

2.

cake | bread

3.

share | sandwich

4.

food | fruit

5.

delicious | ice cream

6.

hamburger | sandwich

7.

share lunch | share fruit

8.

Here you are. | Thank you.

# DAY 24

학습일: 월 일

**Listen & Say** 1 2 3

### 300 • 301

**beach** [biːtʃ]
(명사) 해변, 바닷가
go to the **beach** 바닷가에 가다

**sand** [sænd]
(명사) 모래, 모래사장
play in the **sand** 모래사장에서 놀다
I like to play in the **sand**.
나는 모래사장에서 노는 것을 좋아한다.

### 302 • 303

**sea** [siː]
(명사) 바다  (유의어) **ocean** 대양, 바다
swim in the **sea** 바다에서 수영하다
I like to swim in the **sea**.
나는 바다에서 수영하는 것을 좋아한다.

**water** [wɔ́ːtər]
(명사) 물, (강, 바다의) 물
drink **water** 물을 마시다
run in the **water** 물에서 뛰어다니다

### 304 • 305

**sunglasses** [sʌ́nɡlæsiz]
(명사) 선글라스
(명사) **sun** 태양  (명사) **glasses** 안경
wear **sunglasses** 선글라스를 끼다

**swimsuit** [swímsuːt]
(명사) 수영복
(동사) **swim** 수영하다
wear a **swimsuit** 수영복을 입다

## 306 • 307

### beach ball
[biːtʃ bɔːl]

[명사] 비치 볼, 물놀이용 공

play with a **beach ball**
비치 볼을 가지고 놀다

### beach tube
[biːtʃ tjuːb]

[명사] 비치 튜브, 물놀이용 튜브

play with a **beach tube**
비치 튜브를 가지고 놀다

## 308 • 309

### kite
[kait]

[명사] 연

Look! Three **kites**!
저길 봐! 연이 세 개야!

### balloon
[bəlúːn]

[명사] 풍선

Look! Lots of **balloons**!
저길 봐! 풍선이 엄청 많아!

## 310 • 311

### fun
[fʌn]

[명사] 재미, 즐거움  [형용사] 재미있는

Summer is **fun**.
여름은 즐겁다.

### activity
[æktívəti]

[명사] 활동

fun **activities**   즐거운 활동들
There are many fun **activities**.
많은 즐거운 활동들이 있다.

## 312

### How many...?

얼마나 많은 ~? / ~이 몇 개?

**How many** kites?
얼마나 많은 연이 있니(연이 몇 개니)?

**How many** balloons?   풍선이 몇 개 있니?

# DAY 24

## Daily Test

**A** 그림에 알맞은 단어와 우리말 뜻을 찾아 연결하세요.

1.  • beach • 해변, 바닷가

2.  • sand • 물놀이용 공

3.  • kite • 모래, 모래사장

4.  • beach ball • 연

5.  • beach tube • 물놀이용 튜브

**B** 우리말 뜻에 맞게 주어진 글자를 바르게 배열하여 쓰세요.

1. 물 — e r w a t _____

2. 수영복 — s w s u i t i m _____

3. 선글라스 — g l a s u n s s e s _____

4. 풍선 — b o l o l a n _____

5. 활동 — v i c t i t a y _____

## Picture Review

● 그림에 알맞은 단어나 표현을 골라 동그라미 한 후, 우리말 뜻과 함께 쓰세요.

1.
   sea | sand

2.
   beach | balloon

3.
   glasses | sunglasses

4.
   swim | swimsuit

5.
   kite | beach ball

6.
   ball | balloon

7.
   wear a swimsuit | wear sunglasses

8.
   play in the sand | swim in the sea

# DAY 21-24 Review Test 06

**A** 다음 그림을 보고, 우리말에 해당하는 단어를 영어로 쓰세요.

1. 집 : _____

2. 정원 : _____

3. 새 둥지 : _____

4. 벌집 : _____

5. (함께) 나누다 : _____

6. 아주 맛있는 : _____

7. 바닷가에 가다 : go to the _____

8. 모래, 모래사장 : _____

**B** 그림에 알맞은 단어를 골라 동그라미 하세요.

1.  bird / butterfly

2. grass / garden

3. water / winter

4.  here / there

5.  bread / rice

6. ocean / fish

7.  where / weather

8.  fruit / food

9. 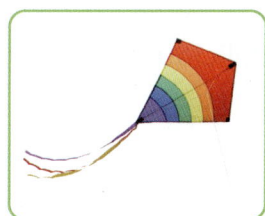 bike / kite

10.  spring / winter

**C** 그림을 보고, 빈칸에 알맞은 단어를 넣으세요.

1.
People live in the _____.

2.
Bears live in the _____.

3. The butterfly is on the _____.

4. How _____ kites?

**D** 우리말과 같은 뜻이 되도록 빈칸에 알맞은 단어를 넣으세요.

1. 푸른 나뭇잎     a green _____
2. 맛있는 음식     delicious _____
3. 점심을 나눠 먹다     share _____
4. 물을 마시다     drink _____
5. 선글라스를 끼다     wear _____

**E** 주어진 단어와 비슷한 뜻을 가진 단어를 <보기>에서 골라 쓰세요.

| ocean | a lot of | delicious |

1. sea _____
2. yummy _____
3. many _____

**F** 읽을 수 있는 단어에 체크한 후, 우리말 뜻을 빈칸에 써 보세요.

- [ ] spring _____
- [ ] summer _____
- [ ] fall _____
- [ ] winter _____
- [ ] butterfly _____
- [ ] flower _____
- [ ] beautiful _____
- [ ] garden _____
- [ ] live _____
- [ ] where _____
- [ ] house _____
- [ ] people _____
- [ ] cave _____
- [ ] hive _____
- [ ] ocean _____
- [ ] a lot of _____

- [ ] delicious _____
- [ ] food _____
- [ ] rice _____
- [ ] bread _____
- [ ] hamburger _____
- [ ] sandwich _____
- [ ] share _____
- [ ] lunch _____
- [ ] beach _____
- [ ] water _____
- [ ] swimsuit _____
- [ ] sunglasses _____
- [ ] kite _____
- [ ] balloon _____
- [ ] fun _____
- [ ] activity _____

# DAY 25

학습일:    월    일

**Listen & Say** 1 2 3

313 • 314

### bedroom
[bédrùːm]

명사 침실, 방
명사 bed 침대  명사 room 방
in the **bedroom**   방에

### living room
[líviŋ ruːm]

명사 거실
in the **living room**   거실에
I'm in the **living room**.   나는 거실에 있다.

315 • 316

### kitchen
[kítʃən]

명사 부엌, 주방
in the **kitchen**   부엌에

### table
[téibl]

명사 탁자, 테이블
There is a **table**.   탁자가 있다.
There is a **table** in the kitchen.
부엌에 탁자가 있다.

317 • 318

### bathroom
[bǽθrùːm]

명사 욕실, 화장실
in the **bathroom**   욕실에, 화장실에

### bath
[bæθ]

명사 1. 욕조  2. 목욕
There is a **bath**.   욕조가 있다.
There is a **bath** in the bathroom.
욕실에 욕조가 있다.

319 • 320

**roof**
[ruːf]

명사 지붕

a red **roof**   빨간 지붕

**wall**
[wɔːl]

명사 벽, 담

yellow **walls**   노란색 담

321 • 322

**make**
[meik]

동사 만들다

**make** a cake   케이크를 만들다

**bake**
[beik]

동사 (빵, 과자 등을) 굽다

**bake** bread   빵을 굽다

323 • 324

**cook**
[kuk]

동사 요리하다

Mom **cooks** in the kitchen.
엄마는 부엌에서 요리한다.

**dish**
[diʃ]

명사 접시, 그릇   *복수형 dishes

a red **dish**   빨간색 접시
dirty **dishes**   더러운 그릇들

325

do the dishes

설거지를 하다, 그릇을 씻다   = wash the dishes
I **do the dishes**.   나는 설거지를 한다.
Can you **do the dishes**?   설거지 좀 해줄 수 있니?

# DAY 25

## Daily Test

**A** 그림에 알맞은 단어와 우리말 뜻을 찾아 연결하세요.

1.  • • table • • 탁자, 테이블

2.  • • bath • • 벽, 담

3.  • • bake • • 욕조, 목욕

4.  • • wall • • (빵, 과자 등을) 굽다

5.  • • roof • • 지붕

**B** 우리말 뜻에 맞게 주어진 글자를 바르게 배열하여 쓰세요.

1. 침실, 방     b o o d r e m     _____

2. 부엌, 주방     k e t c h i n     _____

3. 욕실, 화장실     t h r o o m b a     _____

4. 만들다     m e k a     _____

5. 요리하다     k o c o     _____

## Picture Review

● 그림에 알맞은 단어나 표현을 골라 동그라미 한 후, 우리말 뜻과 함께 쓰세요.

1.
bath | bathroom

2.
bedroom | living room

3.
bed | bedroom

4.
kitchen | bathroom

5.
dish | cook

6.
bake | make

7.
bake bread | make a cake

8.
cook | wash the dishes

# DAY 26

학습일:    월    일

**Listen & Say** 1 2 3

326 • 327

### happy
[hǽpi]

형용사 행복한, 기쁜

I'm **happy**.
나는 행복해.

### sad
[sæd]

형용사 슬픈

I'm **sad**.
나는 슬퍼.

328 • 329

### hungry
[hʌ́ŋgri]

형용사 배고픈

I'm **hungry**.  나는 배고파.
Are you **hungry**?  너 배고프니?

### full
[ful]

형용사  1. 배부른  2. (~이) 가득 찬

I'm **full**.
나는 배불러.

330 • 331

### angry
[ǽŋgri]

형용사 화난, 성난

Are you **angry**?  너 화났니?
I'm very **angry**.  나는 아주 화났어.

### sorry
[sári]

형용사 미안한, 유감스러운

I'm **sorry**.
미안해.

332 · 333

## tired
[taiərd]

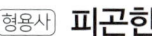 피곤한

Are you **tired**?
너는 피곤하니?

## sleepy
[slíːpi]

형용사 졸리는, 졸음이 오는   동사 **sleep** 잠을 자다

Are you **sleepy**?
너는 졸리니?

334 · 335

## thirsty
[θə́ːrsti]

형용사 목이 마른

He is **thirsty**.
그는 목이 마르다.

## sick
[sik]

형용사 아픈, 병든

She is **sick**.
그녀는 아프다.

336 · 337

## how
[hau]

부사 어떻게, 어떤 상태로

Hi! **How** are you?
안녕! 어떻게 지내니(기분이 어때)?

## fine
[fain]

형용사 좋은, 건강한

I'm **fine**. Thank you.
잘 지내. (물어봐 줘서) 고마워.

338

 **look** + 형용사

~처럼 보이다, ~해 보이다

You **look happy**.  너는 행복해 보인다.
You **look sad**.  너는 슬퍼 보인다.

# Daily Test

**A** 그림에 알맞은 단어와 우리말 뜻을 찾아 연결하세요.

1.  • • sad • • 좋은, 건강한

2.  • • fine • • 슬픈

3.  • • full • • 배부른

4.  • • look happy • • 피곤해 보이다

5.  • • look tired • • 행복해 보이다

**B** 우리말 뜻에 맞게 주어진 글자를 바르게 배열하여 쓰세요.

1. 배고픈    g r h u n y    _____

2. 화난, 성난    g r y a n    _____

3. 미안한, 유감스러운    r r o s y    _____

4. 졸리는, 졸음이 오는    s p e l e y    _____

5. 목이 마른    s i r t h t y    _____

# Picture Review

● 그림에 알맞은 단어나 표현을 골라 동그라미 한 후, 우리말 뜻과 함께 쓰세요.

1.
   happy | sad

2.
   hungry | full

3.
   sorry | sleepy

4.
   tired | thirsty

5.
   sick | sorry

6.
   angry | sorry

7.
   look sad | look happy

8.
   look hungry | look angry

# DAY 27

학습일:    월    일

**Listen & Say**  1  2  3

339 · 340

### guess
[ges]

[동사] 추측하다, 알아맞히다
**Guess** the animal.
다음 동물을 알아맞혀 보세요.

### so
[souː]

[부사] [강조] 정말로, 너무나, 대단히
유의어 very 매우, 아주
It is **so** tall. 그것은 정말 키가 크다.
It is **so** big. 그것은 엄청 크다.

341 · 342

### snake
[sneik]

[명사] 뱀
It's a **snake**.
그것은 뱀이다.

### ant
[ænt]

[명사] 개미
It's an **ant**.
그것은 개미이다.

343 · 344

### small
[smɔːl]

[형용사] 1. (크기가) 작은  2. (양이) 적은
유의어 little (크기가) 작은, 어린
a **small** ant  작은 개미
a **small** cola  작은 콜라

### fat
[fæt]

[형용사] 뚱뚱한, 살찐
a **fat** hippo  뚱뚱한 하마
It is so **fat**. 그것은 정말 뚱뚱하다.

### 345 • 346

**long**
[lɔːŋ]

[형용사] (길이, 거리가) 긴

a **long** snake  기다란 뱀
It is very **long**.  그것은 아주 길다.

**short**
[ʃɔːrt]

[형용사] 1. (길이, 거리가) 짧은  2. 키가 작은
[반의어] tall 키가 큰

a **short** pencil  짧은 연필
a **short** koala  키 작은 코알라

### 347 • 348

**rabbit**
[rǽbit]

[명사] 토끼

Look at the **rabbit**.
저 토끼를 봐.

**turtle**
[tə́ːrtl]

[명사] 거북이

Look at the **turtle**.
저 거북이를 봐.

### 349 • 350

**fast**
[fæst]

[형용사] 빠른  [부사] 빨리, 빠르게

a **fast** rabbit  빠른 토끼
run **fast**  빨리 달리다

**slow**
[slou]

[형용사] 느린  [부사] 느리게  = slowly

a **slow** turtle  느린 거북이
It is very **slow**.  그것은 아주 느리다.

### 351

**Guess what!**

맞혀 봐! / 있잖아, 너 그거 알아?

**Guess what!** Snakes are very fast.
너 그거 아니? 뱀은 아주 빨라.

**Guess what!** I'm in London!
나 지금 어디게? 런던에 와 있어!

DAY 27

# Daily Test

**A** 그림에 알맞은 단어와 우리말 뜻을 찾아 연결하세요.

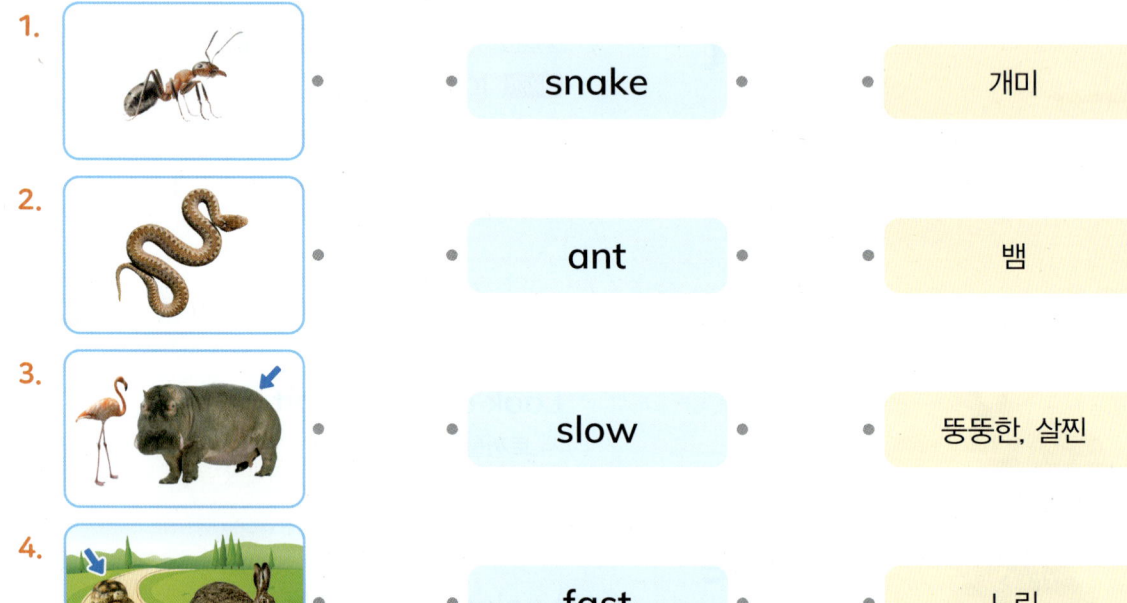

| | | |
|---|---|---|
| 1. | snake | 개미 |
| 2. | ant | 뱀 |
| 3. | slow | 뚱뚱한, 살찐 |
| 4. | fast | 느린 |
| 5. | fat | 빠른 |

**B** 우리말 뜻에 맞게 주어진 글자를 바르게 배열하여 쓰세요.

1. 추측하다, 알아맞히다    g s u s e    _____

2. (크기가) 작은, (양이) 적은    s a l m l    _____

3. 짧은, 키가 작은    h s o r t    _____

4. 토끼    b i t r a b    _____

5. 거북이    u r t t l e    _____

# Picture Review

● 그림에 알맞은 단어나 표현을 골라 동그라미 한 후, 우리말 뜻과 함께 쓰세요.

1.
long | short

2.
big | small

3.
fast | slow

4.
fat | fast

5.
snake | short

6.
ant | turtle

7.
a long snake | a short snake

8.
a slow turtle | a fast rabbit

# DAY 28

학습일:   월   일

**Listen & Say** 1 2 3

352 · 353

### Christmas
[krísməs]

명사 크리스마스

a big **Christmas** tree   커다란 크리스마스 트리

### dinner
[dínər]

명사 저녁 식사, 만찬

Christmas **dinner**   크리스마스 만찬
Mom cooks **dinner**.   엄마는 저녁을 준비한다.

354 · 355

### gift
[gift]

명사 선물   유의어 **present** 선물

a Christmas **gift**   크리스마스 선물

### box
[baks]

명사 상자, 박스   *복수형 **boxes**

a gift **box**   선물 상자
There are many gift **boxes**.
많은 선물 상자들이 있다.

356 · 357

### open
[óupən]

동사 (문, 뚜껑 등을) 열다

**Open** the box.   상자를 열어 봐.

### close
[klouz]

동사 (문, 뚜껑 등을) 닫다

**Close** your eyes.   눈을 감아 봐.
**Close** the door.   문을 닫아라.

### for
[fər]

[전치사] ~을 위해, ~을 위한

This is **for** you.  이것은 너를 위한 거야.
This is **for** Mom.  이것은 엄마를 위한 거야.

### watch
[watʃ]

[명사] 손목시계

This **watch** is for Dad.
이 **시계**는 아빠를 위한 거야.

### bone
[boun]

[명사] 뼈, 뼈다귀

This **bone** is for my puppy.
이 **뼈다귀**는 우리 강아지를 위한 거야.

### drone
[droun]

[명사] 드론

This **drone** is for me.
이 **드론**은 나를 위한 거야.

### want
[wɔ:nt]

[동사] 원하다, 바라다

I **want** chicken.  나는 치킨을 원해(먹고 싶어).
Do you **want** chicken, too?  너도 치킨 먹을래?

### please
[pli:z]

[감탄사] 부디, 제발 (정중하게 부탁할 때 덧붙이는 말)

Yes, **please**.  네, 주세요(그렇게 해 주세요).
**Please** open the box.  박스를 열어 봐 **주세요**.

### No, thanks.

아뇨, 괜찮습니다. / 고맙지만 사양할게요.
= No, thank you.

**No, thanks.** I'm full.
아뇨, 괜찮습니다. 저 배불러요.

# DAY 28

## Daily Test

**A** 그림에 알맞은 단어와 우리말 뜻을 찾아 연결하세요.

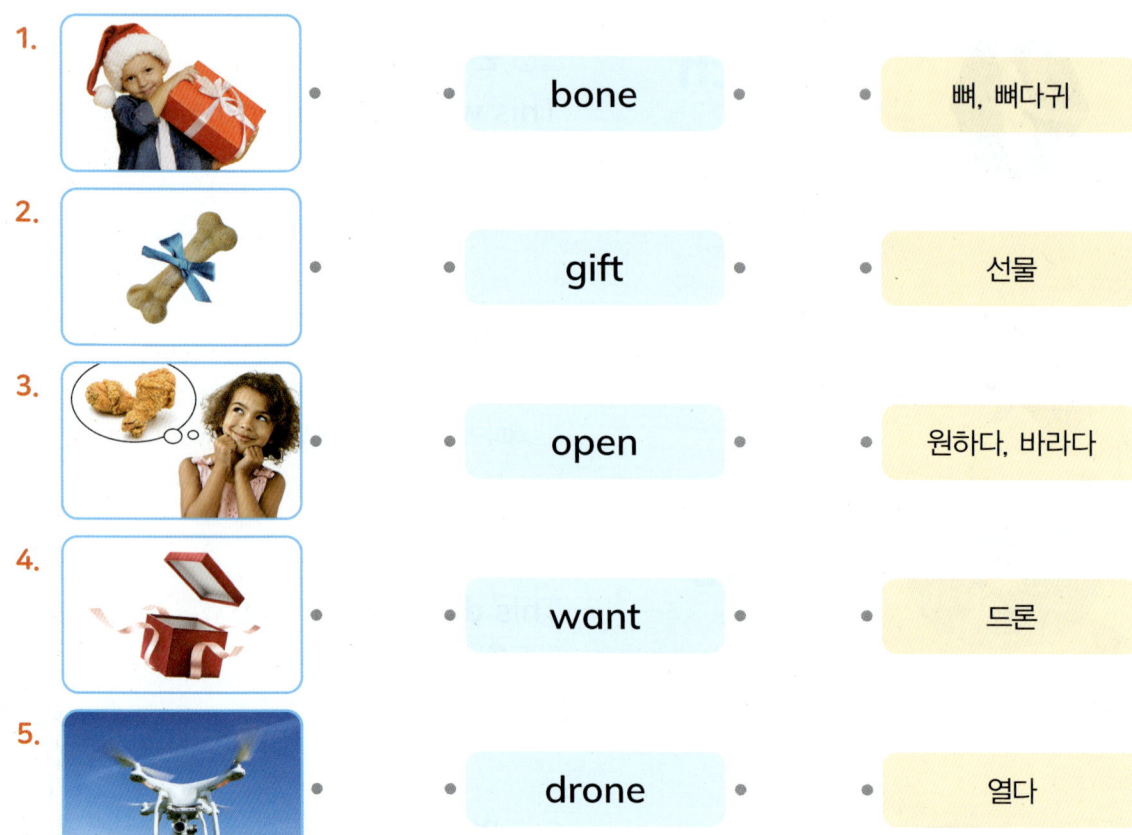

**B** 우리말 뜻에 맞게 주어진 글자를 바르게 배열하여 쓰세요.

1. 크리스마스    Chmasrits    _____
2. 저녁 식사    dennir    _____
3. (문, 뚜껑 등을) 닫다    solce    _____
4. 손목시계    chawt    _____
5. 부디, 제발    peasel    _____

# Picture Review

● 그림에 알맞은 단어나 문장을 골라 동그라미 한 후, 우리말 뜻과 함께 쓰세요.

1.
   gift | box

2.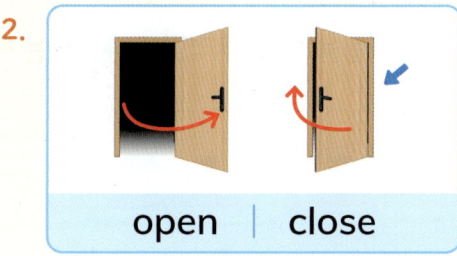
   open | close

3.
   watch | want

4.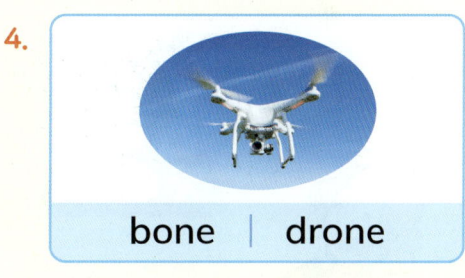
   bone | drone

5.
   dinner | please

6.
   gift | want

7.
   for you | for me

8.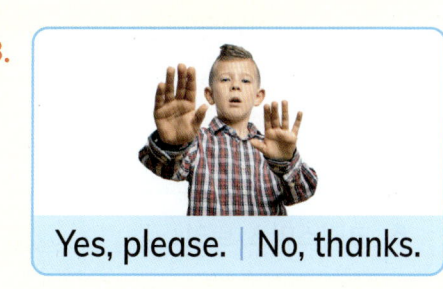
   Yes, please. | No, thanks.

# Review Test 07

DAY 25-28

**A** 다음 그림을 보고, 우리말에 해당하는 단어를 영어로 쓰세요.

1. 요리하다 : _____

2. 쿠키를 굽다 : _____ cookies

3. 케이크를 만들다 : _____ a cake

4. 지붕 : _____

5. 상자 : _____

6. 크리스마스 트리 : _____ tree

7. 선물 : _____

8. 너를 위한 : _____ you

**B** 그림에 알맞은 단어를 골라 동그라미 하세요.

1.  bedroom / living room

2.  kitchen / bathroom

3.  angry / hungry

4.  sleepy / sorry

5.  turtle / thirsty

6.  snake / small

7.  wall / tall

8.  dinner / dish

9.  sick / fine

10.  want / watch

**C** 그림을 보고, 빈칸에 알맞은 단어를 넣으세요.

1.

   I do the _____.

2.

   You look _____.

3.

   It is very _____.

4.

   It is so _____.

**D** 우리말과 같은 뜻이 되도록 빈칸에 알맞은 단어를 넣으세요.

1. 욕실에, 화장실에     in the _____
2. 키 작은 코알라     a _____ koala
3. 졸려 보이다     look _____
4. 부엌에서 요리하다     cook in the _____
5. 맞혀 봐!     _____ what!

**E** 주어진 단어와 반대의 뜻을 가진 단어를 <보기>에서 골라 쓰세요.

| close | hungry | fast |

1. full     _____
2. slow     _____
3. open     _____

**F** 읽을 수 있는 단어에 체크한 후, 우리말 뜻을 빈칸에 써 보세요.

- [ ] bedroom _____
- [ ] living room _____
- [ ] kitchen _____
- [ ] bathroom _____
- [ ] bake _____
- [ ] make _____
- [ ] roof _____
- [ ] cook _____
- [ ] hungry _____
- [ ] full _____
- [ ] angry _____
- [ ] sorry _____
- [ ] tired _____
- [ ] sleepy _____
- [ ] thirsty _____
- [ ] sick _____

- [ ] guess _____
- [ ] snake _____
- [ ] long _____
- [ ] short _____
- [ ] rabbit _____
- [ ] turtle _____
- [ ] fast _____
- [ ] slow _____
- [ ] dinner _____
- [ ] gift _____
- [ ] open _____
- [ ] close _____
- [ ] watch _____
- [ ] drone _____
- [ ] want _____
- [ ] please _____

# DAY 29

학습일:     월     일

**Listen & Say** 1 2 3

365 · 366

### morning
[mɔ́ːrniŋ]

(명사) 아침, 오전
in the **morning**    아침에
Good **morning**.    안녕(좋은 아침이야).
*아침에 하는 인사말

### afternoon
[æftərnúːn]

(명사) 오후
in the **afternoon**    오후에
Good **afternoon**.    안녕. *오후에 하는 인사말

367 · 368

### evening
[íːvniŋ]

(명사) 저녁
in the **evening**    저녁에
Good **evening**.    안녕. *저녁에 하는 인사말

### noon
[nuːn]

(명사) 정오, 낮 12시
at **noon**    정오에
It is **noon**.    (지금은) 정오이다.

369 · 370

### day
[dei]

(명사) 낮
It is **day**.
낮이다.

### night
[nait]

(명사) 밤
It is **night**.    밤이다.
Good **night**.    잘 자. / 안녕히 주무세요.
*밤에 하는 인사말

371 • 372

### moon
[muːn]

명사 달

Do you see the **moon**?
저 **달**이 보이니?

### star
[stɑːr]

명사 별

Do you see the **stars**?
저 **별들**이 보이니?

---

373 • 374

### shine
[ʃain]

동사 빛나다, 반짝이다

Stars **shine** at night.
별들은 밤에 **반짝인다**.

### sleep
[sliːp]

동사 잠을 자다   명사 잠   형용사 **sleepy** 졸린

We **sleep** at night.
우리는 밤에 **잠을 잔다**.

---

375 • 376

### quiet
[kwáiət]

형용사 조용한

a **quiet** night   조용한 밤
Be **quiet**.   조용히 하시오.

### loud
[laud]

형용사 (소리가) 큰, 시끄러운

a **loud** sound   시끄러운 소리

---

377

### go to sleep

잠이 들다, 잠을 자다   =sleep

Let's **go to sleep**.   그만 자자.
We **go to sleep** at night.
우리는 밤에 **잠을 잔다**.

# DAY 29

## Daily Test

**A** 그림에 알맞은 단어와 우리말 뜻을 찾아 연결하세요.

1.
2.
3.
4.
5.

- noon — 잠을 자다
- morning — 아침
- sleep — 정오, 낮 12시
- loud — 조용한
- quiet — (소리가) 큰, 시끄러운

**B** 우리말 뜻에 맞게 주어진 글자를 바르게 배열하여 쓰세요.

1. 오후 — a t f e r n o n o _____
2. 저녁 — n i e v e n g _____
3. 밤 — h g n i t _____
4. 달 — m o n o _____
5. 빛나다, 반짝이다 — n e h s i _____

## Picture Review

● 그림에 알맞은 단어나 문장을 골라 동그라미 한 후, 우리말 뜻과 함께 쓰세요.

1.
   day | night

2.
   noon | evening

3.
   sleep | sleepy

4.
   morning | afternoon

5.
   loud | quiet

6.
   moon | star

7.
   at noon | at night

8.
   Good morning. | Good night.

# DAY 30

학습일:     월     일

**Listen & Say** 1 2 3

378 • 379

### snow
[snou]

[명사] 눈  [동사] 눈이 오다  [형용사] **snowy** 눈이 (많이) 오는
I like **snow**. 나는 눈을 좋아한다.
It **snows**. 눈이 온다.

### rain
[rein]

[명사] 비  [동사] 비가 오다  [형용사] **rainy** 비가 (많이) 오는
I don't like **rain**. 나는 비를 좋아하지 않는다.
It **rains** a lot. 비가 많이 온다.

380 • 381

### wind
[wind]

[명사] 바람  [형용사] **windy** 바람이 (많이) 부는
The **wind** is cool.
바람이 선선하다.

### cloud
[klaud]

[명사] 구름  [형용사] **cloudy** 흐린, 구름이 낀
**clouds** in the sky   하늘의 **구름들**

382 • 383

### snowman
[snóumæn]

[명사] 눈사람
make a **snowman**   눈사람을 만들다

### snowball
[snóubɔːl]

[명사] 눈 뭉치, 눈덩이
make a big **snowball**   큰 눈 뭉치를 만들다
have a **snowball** fight   눈싸움을 하다

## umbrella
[ʌmbrélə]

[명사] 우산
open an **umbrella** 우산을 펴다

## raincoat
[réinkòut]

[명사] 비옷, 레인코트  *coat 외투, 코트
wear a **raincoat** 비옷을 입다

## boot
[buːt]

[명사] 장화, 부츠 (한 짝)  *복수형 boots
I wear rain **boots**.
나는 장화를 신고 있다.

## glove
[glʌv]

[명사] 장갑 (한 짝)  *복수형 gloves
I wear **gloves**.
나는 장갑을 끼고 있다.

## outside
[áutsàid]

[부사] 밖에, 밖에서  [전치사] ~의 밖에, ~의 바깥쪽에
Let's play **outside**. 밖에서 놀자.
**outside** the house 집 밖에

## inside
[ínsàid]

[부사] 안에, 안으로  [전치사] ~의 안에
Go **inside**. 안으로 들어가.
Who is **inside** the house?
집 안에 누가 있니?

## bad weather

안 좋은 날씨, 악천후
It's **bad weather**.
날씨가 안 좋다.

# DAY 30 Daily Test

**A** 그림에 알맞은 단어와 우리말 뜻을 찾아 연결하세요.

1.  • • snow • 구름들
2.  • • rain • 눈; 눈이 오다
3.  • • clouds • 비; 비가 오다
4.  • • gloves • 장갑 두 짝(한 켤레)
5.  • • rain boots • 장화 두 짝(한 켤레)

**B** 우리말 뜻에 맞게 주어진 글자를 바르게 배열하여 쓰세요.

1. 눈사람    s m a w n o n    _____
2. 눈 뭉치, 눈덩이    b a l s n w o l    _____
3. 우산    b r e a m l l u    _____
4. 비옷    c o r i a n a t    _____
5. 밖에, 밖에서    s i o u t d e    _____

# Picture Review

● 그림에 알맞은 단어나 표현을 골라 동그라미 한 후, 우리말 뜻과 함께 쓰세요.

1.  snow | snowman

2. rain | raincoat

3.  umbrella | cloud

4. 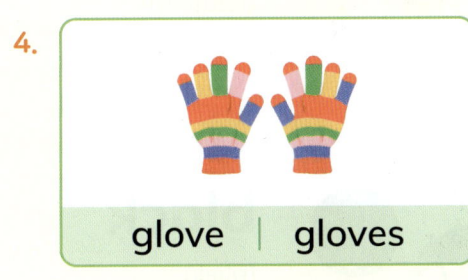 glove | gloves

5.  rain boot | rain boots

6.  outside | inside

7.  make a snowman | make a snowball

8.  good weather | bad weather

# DAY 31

학습일:　　월　　일

**Listen & Say** 1 2 3

---

391 · 392

### bug
[bʌg]

[명사] (작은) 벌레, 곤충　[유의어] **insect** 곤충

I see a **bug**. 나는 **벌레**를 한 마리 본다.
The **bug** is on a leaf. 그 **벌레**는 나뭇잎 위에 있다.

### ladybug
[léidibʌg]

[명사] 무당벌레

I like **ladybugs**.
나는 **무당벌레**를 좋아한다.

---

393 · 394

### black
[blæk]

[형용사] 검은, 검은색의　[명사] 검은색

The bug is **black**.
그 벌레는 **검은색**이다.

### white
[wait]

[형용사] 흰, 흰색의　[명사] 흰색

The bug is **white**.
그 벌레는 **흰색**이다.

---

395 · 396

### beetle
[bíːtl]

[명사] 딱정벌레

a black **beetle**　검정 **딱정벌레**
**Beetles** have six legs.
딱정벌레는 다리가 여섯 개이다.

### grasshopper
[grǽshàpər]

[명사] 메뚜기, 베짱이　[명사] **grass** 풀, 잔디

a green **grasshopper**　초록색 **메뚜기**
**Grasshoppers** have six legs.
메뚜기는 다리가 여섯 개이다.

397 • 398

### spider
[spáidər]

명사 거미

**Spiders** have eight legs.
거미는 다리가 여덟 개이다.

### crab
[kræb]

명사 게

**Crabs** have ten legs.
게는 다리가 열 개이다.

399 • 400

### frog
[frɔːg]

명사 개구리

How many legs do **frogs** have?
개구리는 다리가 몇 개인가요?

### lizard
[lízərd]

명사 도마뱀

How many legs do **lizards** have?
도마뱀은 다리가 몇 개인가요?

401 • 402

### zero
[zíərou]

수사 0, 영, 제로

Snakes have **zero** legs.
뱀은 다리가 0개이다(없다).

### wing
[wiŋ]

명사 날개

Butterflies have **wings**.
나비는 날개를 가지고 있다.

403

### a pair of

(두 개로 된) 한 쌍의, 한 켤레의

**a pair of** wings  한 쌍의 날개
**a pair of** gloves  장갑 한 켤레

# DAY 31 Daily Test

**A** 그림에 알맞은 단어와 우리말 뜻을 찾아 연결하세요.

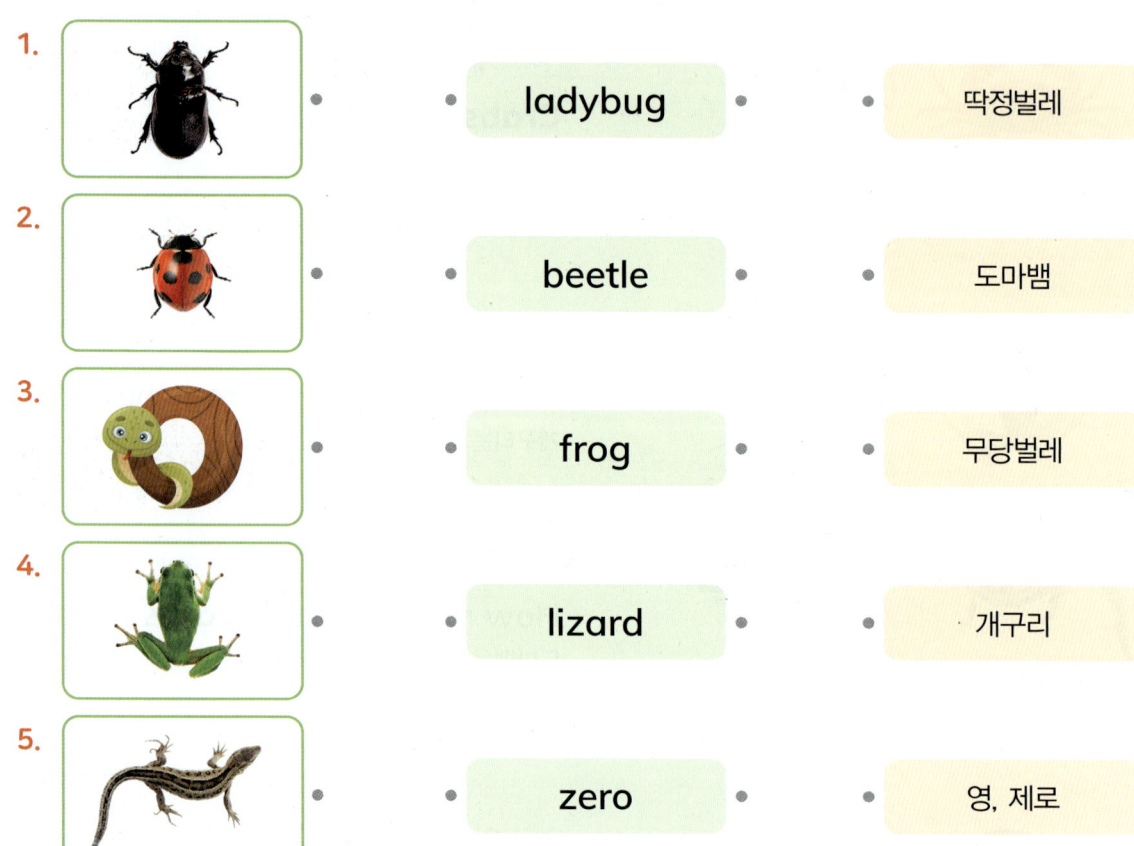

**B** 우리말 뜻에 맞게 주어진 글자를 바르게 배열하여 쓰세요.

1. 검은색 — c k a b l
2. 흰색 — t e w h i
3. 메뚜기, 베짱이 — s s h o g r a p p e r
4. 거미 — s e p d i r
5. 게 — b a c r

## Picture Review

● 그림에 알맞은 단어나 표현을 골라 동그라미 한 후, 우리말 뜻과 함께 쓰세요.

1.
bug | frog

2.
grass | grasshopper

3.
beetle | spider

4.
zero | ten

5.
white | wing

6.
crab | frog

7.
a white bug | a black bug

8.
a pair of wings | a pair of legs

# DAY 32

학습일:　　월　　일

**Listen & Say** 1 2 3

404 • 405

### shape
[ʃeip]

(명사) 모양, 형태

There are many **shapes**.　많은 **모양**이 있다.
What **shape** is it?　그것은 어떤 **모양**이니?

### size
[saiz]

(명사) 크기, 치수, 사이즈

a small **size**　작은 **사이즈**

---

406 • 407

### circle
[sə́ːrkl]

(명사) 원형, 동그라미

It's a **circle**.
그것은 **원형**이다.

### oval
[óuvəl]

(명사) 계란형, 타원형　(형용사) 계란형의, 타원형의

It's an **oval**.　그것은 **타원형**이다.
an **oval** face　**계란형** 얼굴

---

408 • 409

### triangle
[tráiæŋgl]

(명사) 삼각형

It's a **triangle**.
그것은 **삼각형**이다.

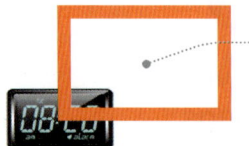

### rectangle
[réktæŋgl]

(명사) 직사각형

It's a **rectangle**.
그것은 **직사각형**이다.

## game
[geim]

[명사] 게임, 경기, 시합

Let's play a **game**.
게임을 하자.

## find
[faind]

[동사] 찾다, 발견하다

**Find** the triangles!
삼각형을 찾아라!

## picture
[píktʃər]

[명사] 그림, 사진

Look at the **picture**.
그림을 보세요.

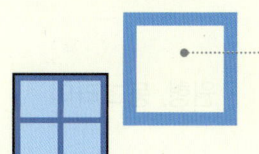

## square
[skwɛər]

[명사] 정사각형   [형용사] 정사각형 모양의

Find five **squares**.
정사각형 다섯 개를 찾으세요.

## diamond
[dáiəmənd]

[명사] 1. 다이아몬드
2. 다이아몬드 모양, 마름모꼴

a **diamond** shape   다이아몬드 모양, 마름모꼴

## heart
[hɑːrt]

[명사] 1. 심장  2. 하트 모양

a **heart** shape   하트 모양
Find a big red **heart**.   커다란 빨강 하트를 찾아라.

## Good job!

잘했어! / 참 잘했어요!
[유의어] Great job! Very good!

**Good job**, Jenny!   참 잘했어, 제니야!

# DAY 32

## Daily Test

**A** 그림에 알맞은 단어와 우리말 뜻을 찾아 연결하세요.

**B** 우리말 뜻에 맞게 주어진 글자를 바르게 배열하여 쓰세요.

1. 그림, 사진    t u r e p i c    _____

2. 삼각형    a n t r i g l e    _____

3. 직사각형    g l e t a n r e c    _____

4. 정사각형    u a s q r e    _____

5. 마름모꼴    m o n d i a d    _____

## Picture Review

● 그림에 알맞은 단어나 표현을 골라 동그라미 한 후, 우리말 뜻과 함께 쓰세요.

1.
   shape | size

2.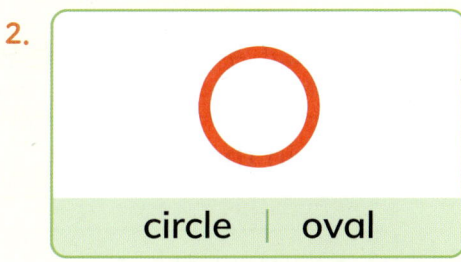
   circle | oval

3.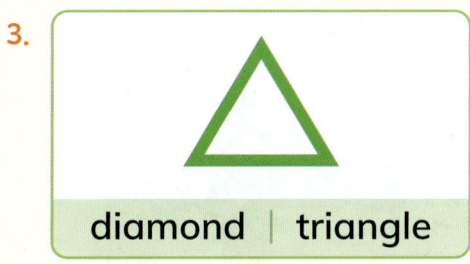
   diamond | triangle

4.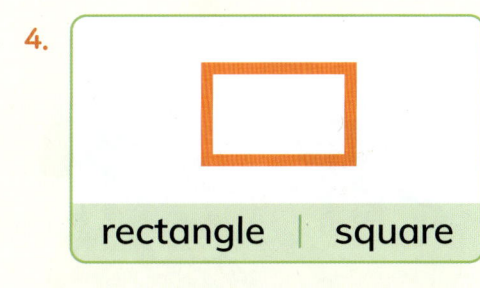
   rectangle | square

5.
   heart | star

6.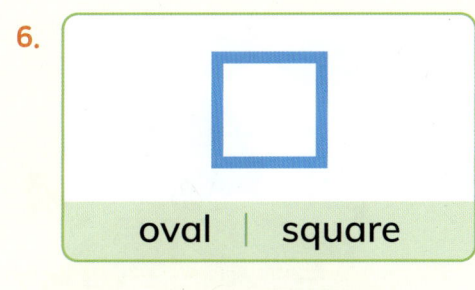
   oval | square

7.
   play a game | find

8.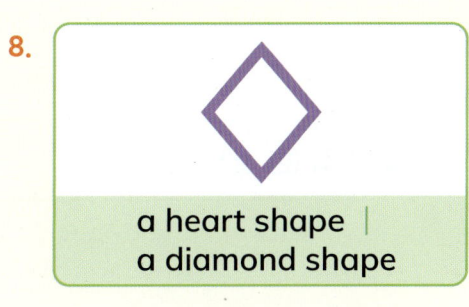
   a heart shape | a diamond shape

# Review Test 08

**DAY 29-32**

**A** 다음 그림을 보고, 우리말에 해당하는 단어를 영어로 쓰세요.

1. 오후에 : in the _____

2. 밖에서 놀다 : play _____

3. 눈이 오다 : _____

4. 눈사람을 만들다 : make a _____

5. 우산 : _____

6. 장화 (한 켤레) : _____

7. 잠을 자다 : go to _____

8. 밤에 : at _____

**B** 그림에 알맞은 단어를 골라 동그라미 하세요.

**C** 그림을 보고, 빈칸에 알맞은 단어를 넣으세요.

1.
I wear a _____.

2.
I wear _____.

3. Beetles have six _____.

4. Butterflies have _____.

**D** 우리말과 같은 뜻이 되도록 빈칸에 알맞은 단어를 넣으세요.

1. 정오에      at _____
2. 밖에서 놀다      play _____
3. 안 좋은 날씨, 악천후      bad _____
4. 한 쌍의 날개      a _____ of wings
5. 계란형 얼굴      an _____ face

**E** 주어진 단어와 반대의 뜻을 가진 단어를 <보기>에서 골라 쓰세요.

| night | inside | quiet |

1. day _____
2. loud _____
3. outside _____

**F** 읽을 수 있는 단어에 체크한 후, 우리말 뜻을 빈칸에 써 보세요.

- ☐ morning _____
- ☐ afternoon _____
- ☐ day _____
- ☐ night _____
- ☐ shine _____
- ☐ sleep _____
- ☐ quiet _____
- ☐ loud _____
- ☐ snow _____
- ☐ rain _____
- ☐ snowman _____
- ☐ snowball _____
- ☐ umbrella _____
- ☐ raincoat _____
- ☐ outside _____
- ☐ inside _____

- ☐ bug _____
- ☐ black _____
- ☐ white _____
- ☐ spider _____
- ☐ crab _____
- ☐ frog _____
- ☐ lizard _____
- ☐ wing _____
- ☐ shape _____
- ☐ size _____
- ☐ game _____
- ☐ find _____
- ☐ oval _____
- ☐ triangle _____
- ☐ rectangle _____
- ☐ square _____

읽을 수 있는 단어에 체크한 후 우리말 뜻을 빈칸에 쓰세요.

| morning | _____ | bug | _____ |
| afternoon | _____ | black | _____ |
| day | _____ | white | _____ |
| night | _____ | spider | _____ |
| shine | _____ | crab | _____ |
| sleep | _____ | frog | _____ |
| quiet | _____ | lizard | _____ |
| loud | _____ | wing | _____ |
| snow | _____ | shape | _____ |
| rain | _____ | size | _____ |
| snowman | _____ | game | _____ |
| snowball | _____ | find | _____ |
| umbrella | _____ | oval | _____ |
| raincoat | _____ | triangle | _____ |
| outside | _____ | rectangle | _____ |
| inside | _____ | square | _____ |

## DAY 01

**Daily Test** .................................................. p. 12

**A**

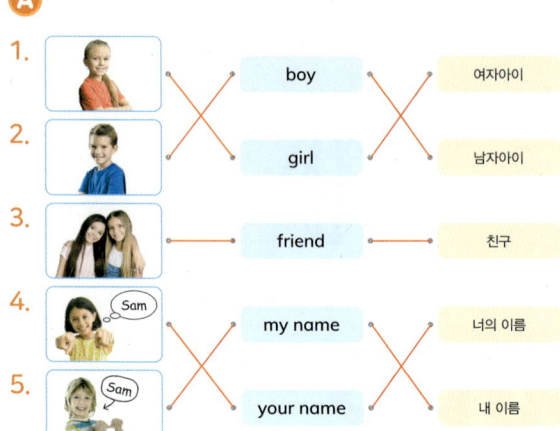

**B**

1. hello
2. goodbye
3. friend
4. what
5. who

**Picture Review** .......................................... p. 13

1. you 너
2. name 이름
3. who 누구
4. girl 여자아이, 소녀
5. bye 잘 가
6. your 너의, 네
7. my name 내 이름
8. best friend 가장 친한 친구, 단짝 친구

## DAY 02

**Daily Test** .................................................. p. 16

**A**

1. grandma — 할머니
2. baby — 언니
3. sister — 우리 아빠
4. my dad — 우리 가족
5. my family — 아기

**B**

1. brother
2. grandpa
3. family
4. this
5. that

**Picture Review** .......................................... p. 17

1. this 이것, 이 사람
2. that 저것, 저 사람
3. grandpa 할아버지
4. she 그녀, 그 여자
5. baby 아기
6. family 가족
7. brother 오빠, 형, 남동생 (남자 형제)
8. This is my mom. 이분은 우리 엄마야.

# DAY 03

## Daily Test ......... p. 20

**A**

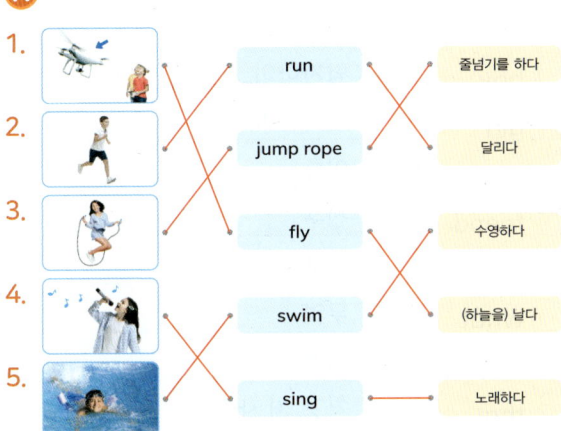

1. 비행기 — fly — (하늘을) 날다
2. 달리는 사람 — run — 달리다
3. 줄넘기 — jump rope — 줄넘기를 하다
4. 노래하는 사람 — sing — 노래하다
5. 수영하는 사람 — swim — 수영하다

**B**

1. they
2. walk
3. jump
4. swim
5. dance

## Picture Review ......... p. 21

1. can ~할 수 있다
2. can't ~할 수 없다
3. jump rope 줄넘기를 하다; 줄넘기, 줄넘기 줄
4. dance 춤을 추다
5. walk 걷다
6. they 그들, 그것들
7. I can swim. 나는 수영할 수 있다.
8. Let's run. 달리자.

# DAY 04

## Daily Test ......... p. 24

**A**

1. 오리 — farm — 농장
2. 농장 — duck — 오리
3. 양 — cow — 암소, 젖소
4. 가축들 — sheep — 양
5. 젖소 — farm animals — 가축들

**B**

1. see
2. animal
3. chicken
4. horse
5. like

## Picture Review ......... p. 25

1. dog 개
2. animal 동물
3. pig 돼지
4. chicken 닭
5. horse 말
6. sheep 양
7. I see a duck. 나는 오리를 봐(오리가 보여).
8. That is a cat. 저것은 고양이이다.

## DAY 01-04  Review Test 01   p. 26

**A**
1. family
2. brother
3. friend
4. jump rope
5. farm
6. fly
7. animals
8. horse

**B**
1. what
2. bye
3. boy
4. swim
5. we
6. they
7. duck
8. friend
9. grandpa
10. he

**C**
1. grandma
2. dance
3. sheep
4. animals

**D**
1. name
2. friend
3. sister
4. your
5. farm

**E**
1. goodbye
2. girl
3. she

**F**

| | | |
|---|---|---|
| ☐ | my | 나의, 내 |
| ☐ | your | 너의, 네 |
| ☐ | boy | 남자아이, 소년 |
| ☐ | girl | 여자아이, 소녀 |
| ☐ | name | 이름 |
| ☐ | friend | 친구 |
| ☐ | who | 누구 |
| ☐ | what | 무엇 |
| ☐ | this | 이것, 이 사람 |
| ☐ | that | 저것, 저 사람 |
| ☐ | grandma | 할머니 |
| ☐ | grandpa | 할아버지 |
| ☐ | brother | 오빠, 형, 남동생 (남자 형제) |
| ☐ | sister | 언니, 누나, 여동생 (여자 형제) |
| ☐ | baby | 아기 |
| ☐ | family | 가족 |
| ☐ | sing | 노래하다 |
| ☐ | dance | 춤을 추다; 춤 |
| ☐ | walk | 걷다 |
| ☐ | jump rope | 줄넘기를 하다; 줄넘기, 줄넘기 줄 |
| ☐ | fly | (하늘을) 날다 |
| ☐ | swim | 수영하다, 헤엄치다 |
| ☐ | we | 우리 |
| ☐ | they | 그들, 그것들 |
| ☐ | farm | 농장 |
| ☐ | animal | 동물 |
| ☐ | cow | 암소, 젖소 |
| ☐ | pig | 돼지 |
| ☐ | horse | 말 |
| ☐ | sheep | 양 |
| ☐ | see | 보다, (눈에) 보이다 |
| ☐ | like | 좋아하다 |

# DAY 05

**Daily Test** .................. p. 32

**A**

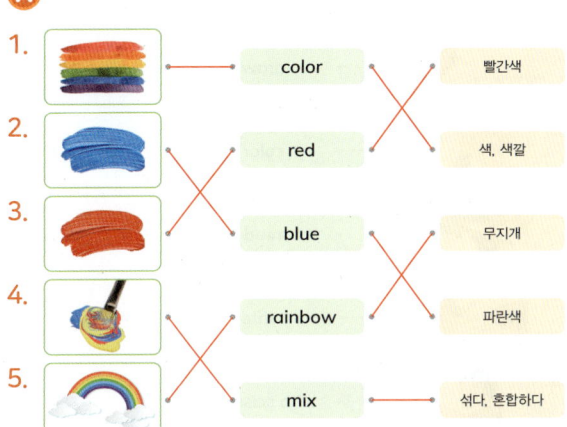

1. 🌈 — color — 빨간색
2. 🟦 — red — 색, 색깔
3. 🟥 — blue — 무지개
4. 🎨 — rainbow — 파란색
5. 🌈 — mix — 섞다, 혼합하다

**B**

1. yellow
2. orange
3. green
4. purple
5. love

**Picture Review** .................. p. 33

1. **yellow** 노란색의; 노란색
2. **purple** 보라색의, 자주색의; 보라색, 자주색
3. **blue** 파란색의; 파란색
4. **green** 녹색의, 초록색의; 녹색, 초록색
5. **color** 색, 색깔
6. **love** 사랑하다, 아주 좋아하다; 사랑
7. **mix colors** 색을 섞다, 색을 혼합하다
8. **Look at the rainbow.**
   저 무지개를 좀 봐.

# DAY 06

**Daily Test** .................. p. 36

**A**

1. 🍇 — fruit — 과일
2. 🫐 — tomato — 블루베리
3. 🍅 — blueberry — 당근
4. 🍓 — carrot — 토마토
5. 🥕 — sweet — 달콤한, 단

**B**

1. vegetable
2. strawberry
3. potato
4. onion
5. yummy

**Picture Review** .................. p. 37

1. **potato** 감자
2. **fruit** 과일
3. **banana** 바나나
4. **vegetable** 채소, 야채
5. **strawberry** 딸기
6. **onion** 양파
7. **There is a tomato.**
   토마토가 (한 개) 있다.
8. **There is an apple.**
   사과가 (한 개) 있다.

175

# DAY 07

## Daily Test .................... p. 40

**A**

1. count — (수를) 세다
2. five — 다섯
3. three — 셋
4. two — 둘
5. ten — 열

**B**

1. number
2. four
3. seven
4. eight
5. nine

## Picture Review .................... p. 41

1. two 2. 둘
2. number 숫자, 수
3. four 4. 넷
4. six 6. 여섯
5. seven 7. 일곱
6. one 1. 하나
7. eight 8. 여덟
8. count to ten 열(10)까지 세다

# DAY 08

## Daily Test .................... p. 44

**A**

1. draw — 그리다
2. color — 색칠하다
3. with scissors — 가위로
4. write — 쓰다
5. read — 읽다

**B**

1. have
2. eraser
3. scissors
4. crayon
5. pencil

## Picture Review .................... p. 45

1. book 책
2. eraser 지우개
3. color (~에) 색칠하다; 색, 색깔
4. write 쓰다
5. draw (연필, 펜 등으로) 그리다
6. school bag 학교 가방, 책가방
7. have a pencil 연필을 가지고 있다
8. cut with scissors 가위로 자르다

# DAY 05-08 Review Test 02 p. 46

## A
1. have
2. draw
3. rainbow
4. crayon
5. pencil
6. blue
7. yellow
8. color

## B
1. vegetable
2. fruit
3. tomato
4. strawberry
5. eight
6. five
7. scissors
8. read
9. mix
10. count

## C
1. carrot
2. onion
3. purple
4. apples

## D
1. green
2. count
3. have
4. draw
5. with

## E
1. gr<u>ee</u>n / sw<u>ee</u>t
2. yell<u>ow</u> / rainb<u>ow</u>
3. blue<u>berry</u> / straw<u>berry</u>

## F

| | | | |
|---|---|---|---|
| ☐ | rainbow | 무지개 | |
| ☐ | color | 색, 색깔; (~에) 색칠하다 | |
| ☐ | orange | 주황색의; 주황색, 오렌지 | |
| ☐ | yellow | 노란색의; 노란색 | |
| ☐ | green | 녹색의, 초록색의; 녹색, 초록색 | |
| ☐ | purple | 보라색의, 자주색의; 보라색, 자주색 | |
| ☐ | mix | 섞다, 혼합하다 | |
| ☐ | love | 사랑하다, 아주 좋아하다; 사랑 | |
| ☐ | fruit | 과일 | |
| ☐ | vegetable | 채소, 야채 | |
| ☐ | strawberry | 딸기 | |
| ☐ | blueberry | 블루베리 | |
| ☐ | carrot | 당근 | |
| ☐ | onion | 양파 | |
| ☐ | sweet | 달콤한, 단 | |
| ☐ | yummy | 아주 맛있는 | |
| ☐ | count | (수를) 세다, 계산하다 | |
| ☐ | number | 숫자, 수 | |
| ☐ | five | 5, 다섯 | |
| ☐ | six | 6, 여섯 | |
| ☐ | seven | 7, 일곱 | |
| ☐ | eight | 8, 여덟 | |
| ☐ | nine | 9, 아홉 | |
| ☐ | ten | 10, 열 | |
| ☐ | have | 가지다, (가지고) 있다 | |
| ☐ | book | 책 | |
| ☐ | pencil | 연필 | |
| ☐ | eraser | 지우개 | |
| ☐ | crayon | 크레용 | |
| ☐ | scissors | 가위 | |
| ☐ | read | 읽다 | |
| ☐ | write | 쓰다 | |

## DAY 09

**Daily Test** .................... p. 52

A

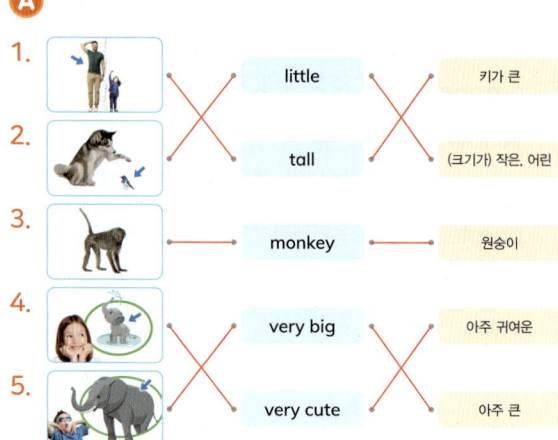

B

1. zebra
2. giraffe
3. elephant
4. kitten
5. puppy

**Picture Review** .................... p. 53

1. short 키가 작은
2. little (크기가) 작은, 어린
3. cute 귀여운
4. kitten 새끼 고양이
5. giraffe 기린
6. puppy 강아지
7. very big 아주 큰
8. There are zebras. 얼룩말들이 있다.

## DAY 10

**Daily Test** .................... p. 56

A

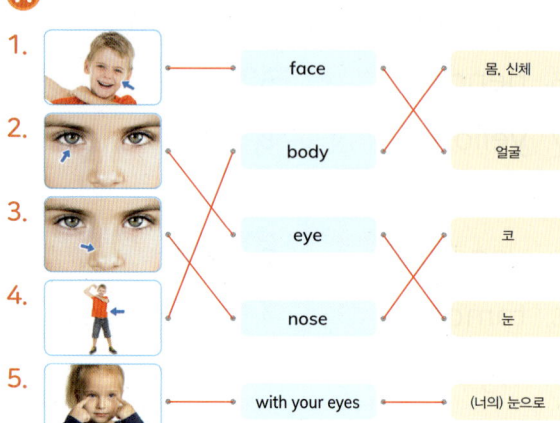

B

1. mouth
2. hand
3. foot
4. finger
5. arm

**Picture Review** .................... p. 57

1. hand 손
2. two eyes 두 눈, 두 개의 눈
3. face 얼굴
4. body 몸, 신체
5. leg 다리
6. toe 발가락
7. two feet 두 발, 두 개의 발
8. with your eyes (너의) 눈으로, 눈을 이용하여

# DAY 11

## Daily Test ..................................... 60

**A**

1. warm — 따뜻한, 따스한
2. cold — 바람이 부는
3. windy — 추운, 차가운
4. snowy day — 비 오는 날
5. rainy day — 눈 오는 날

**B**

1. weather
2. sunny
3. snowy
4. cloudy
5. cool

## Picture Review ..................................... p. 61

1. hot  더운, 뜨거운
2. sky  하늘
3. sunny  해가 쨍쨍 내리쬐는, 화창한
4. cloudy  흐린, 구름이 잔뜩 낀
5. warm  따뜻한, 따스한
6. sun  태양, 해
7. weather  날씨
8. snowy day  눈 오는 날

# DAY 12

## Daily Test ..................................... 64

**A**

1. play — 언덕
2. hill — 놀다
3. river — 올라가다
4. go up — 강
5. go down — 내려가다

**B**

1. mountain
2. park
3. come
4. skate
5. sled

## Picture Review ..................................... p. 65

1. up  위로, 위에
2. go up  올라가다
3. run down  뛰어 내려가다
4. mountain  산
5. play  놀다, (게임 등을) 하다
6. lake  호수
7. skate  스케이트를 타다; 스케이트화 (한 짝)
8. have fun  재미있게 놀다, 즐거운 시간을 보내다

## DAY 09-12  Review Test 03                       p. 66

**A**
1. snowy
2. play
3. cute
4. little
5. up
6. down
7. sled
8. skate

**B**
1. short
2. feet
3. cool
4. body
5. weather
6. sky
7. river
8. hill
9. finger
10. arm

**C**
1. giraffes
2. kittens
3. hands
4. legs

**D**
1. big
2. little
3. sky
4. sun
5. with

**E**
1. short
2. come
3. run down

**F**

| | | |
|---|---|---|
| ☐ | big | (크기가) 큰 |
| ☐ | little | (크기가) 작은, 어린 |
| ☐ | tall | 키가 큰 |
| ☐ | short | 키가 작은 |
| ☐ | elephant | 코끼리 |
| ☐ | giraffe | 기린 |
| ☐ | very | 매우, 아주 |
| ☐ | cute | 귀여운 |
| ☐ | face | 얼굴 |
| ☐ | body | 몸, 신체 |
| ☐ | arm | 팔 |
| ☐ | hand | 손 |
| ☐ | leg | 다리 |
| ☐ | foot | 발 |
| ☐ | finger | 손가락 |
| ☐ | toe | 발가락 |
| ☐ | sky | 하늘 |
| ☐ | weather | 날씨 |
| ☐ | warm | 따뜻한, 따스한 |
| ☐ | cool | 선선한, 시원한 |
| ☐ | sun | 태양, 해 |
| ☐ | sunny | 해가 쨍쨍 내리쬐는, 화창한 |
| ☐ | cloudy | 흐린, 구름이 잔뜩 낀 |
| ☐ | windy | 바람이 (많이) 부는 |
| ☐ | play | 놀다, (게임 등을) 하다 |
| ☐ | come | 오다 |
| ☐ | go | 가다 |
| ☐ | up | 위로, 위에 |
| ☐ | down | 아래로, 아래에 |
| ☐ | hill | 언덕 |
| ☐ | mountain | 산 |
| ☐ | lake | 호수 |

# DAY 13

**Daily Test** .................... p. 72

A

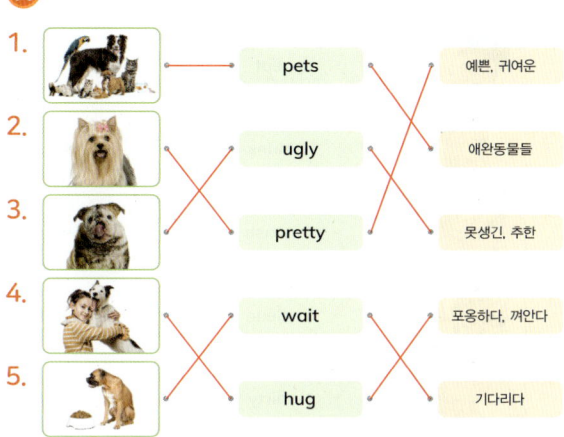

1. pets — 애완동물들
2. ugly — 못생긴, 추한
3. pretty — 예쁜, 귀여운
4. wait — 기다리다
5. hug — 포옹하다, 껴안다

B

1. smart
2. handsome
3. stand
4. catch
5. shake

**Picture Review** .................... p. 73

1. handsome  잘생긴, 멋진
2. smart  똑똑한, 영리한
3. stand up  일어나다, 일어서다
4. shake  흔들다, 털다
5. meet  만나다
6. catch  (움직이는 물체를) 잡다
7. sit  앉다, 앉아 있다
8. shake hands  악수를 하다

# DAY 14

**Daily Test** .................... p. 76

A

1. in — ~ 안에, ~ 속에
2. on — ~ 위에
3. under — ~ (바로) 아래에
4. over — (닿지 않게) ~ 위에, ~ 위로
5. beside — ~ 옆에, ~ 쪽에

B

1. behind
2. shoes
3. good
4. bad
5. mat

**Picture Review** .................... p. 77

1. in  ~ 안에, ~ 속에
2. over  (표면에 닿지 않게) ~ 위에, ~ 위로
3. behind  ~ 뒤에
4. hat  모자
5. good  좋은, 착한
6. on the mat  매트 위에
7. under the box  상자 아래에
8. on my lap  내 무릎 위에

# DAY 15

**Daily Test** .......... p. 80

**A**

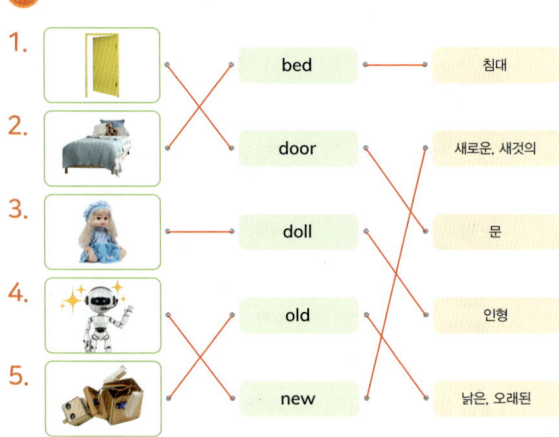

1. door — 문
2. bed — 침대
3. doll — 인형
4. new — 새로운, 새것의
5. old — 낡은, 오래된

**B**

1. room
2. window
3. computer
4. robot
5. speaker

**Picture Review** .......... p. 81

1. ball 공
2. toy 장난감
3. window 창문
4. room 방
5. teddy bear 곰 인형
6. new 새로운, 새것의
7. computer 컴퓨터
8. smart speaker 스마트 스피커, 인공지능 스피커

# DAY 16

**Daily Test** .......... p. 84

**A**

1. drink — 마시다
2. eat — 먹다
3. clean — 깨끗한
4. dirty — 더러운, 지저분한
5. wash — 씻다

**B**

1. cookie
2. brush
3. tooth
4. shower
5. homework

**Picture Review** .......... p. 85

1. eat 먹다
2. milk 우유
3. drink (음료를) 마시다; 음료
4. homework 숙제
5. brush 이를 닦다, 칫솔질을 하다; 솔, 솔질
6. clean 깨끗한
7. teeth 이, 치아
8. go to bed 잠자리에 들다, 자러 가다

## DAY 13-16 Review Test 04 — p. 86

### A
1. pet
2. over
3. on
4. stand
5. catch
6. smart
7. hug
8. eat

### B
1. under
2. shower
3. behind
4. doll
5. old
6. drink
7. window
8. wash
9. homework
10. robot

### C
1. in
2. beside
3. computer
4. teddy bear

### D
1. pet
2. ugly
3. good
4. teeth
5. bed

### E
1. dirty
2. new
3. stand

### F

| | |
|---|---|
| ☐ pet | 애완동물, 반려동물 |
| ☐ smart | 똑똑한, 영리한 |
| ☐ ugly | 못생긴, 추한 |
| ☐ handsome | 잘생긴, 멋진 |
| ☐ sit | 앉다, 앉아 있다 |
| ☐ stand | 서다, 서 있다 |
| ☐ shake | 흔들다, 털다 |
| ☐ catch | (움직이는 물체를) 잡다 |
| ☐ under | ~ (바로) 아래에 |
| ☐ over | (표면에 닿지 않게) ~ 위에, ~ 위로 |
| ☐ beside | ~ 옆에, ~ 쪽에 |
| ☐ behind | ~ 뒤에 |
| ☐ mat | 매트, 깔개 |
| ☐ cap | (앞부분에 챙이 달린) 모자 |
| ☐ bad | 나쁜, 안 좋은 |
| ☐ good | 좋은, 착한 |
| ☐ door | 문 |
| ☐ window | 창문 |
| ☐ toy | 장난감 |
| ☐ teddy bear | 곰 인형 |
| ☐ computer | 컴퓨터 |
| ☐ robot | 로봇 |
| ☐ new | 새로운, 새것의 |
| ☐ old | 낡은, 오래된, 늙은 |
| ☐ eat | 먹다 |
| ☐ drink | (음료를) 마시다; 음료 |
| ☐ brush | 이를 닦다, 칫솔질을 하다; 솔, 솔질 |
| ☐ tooth | 이, 치아 (한 개) |
| ☐ clean | 깨끗한 |
| ☐ dirty | 더러운, 지저분한 |
| ☐ wash | 씻다 |
| ☐ shower | 샤워(하기); 샤워를 하다 |

# DAY 17

## Daily Test — p. 92

### A

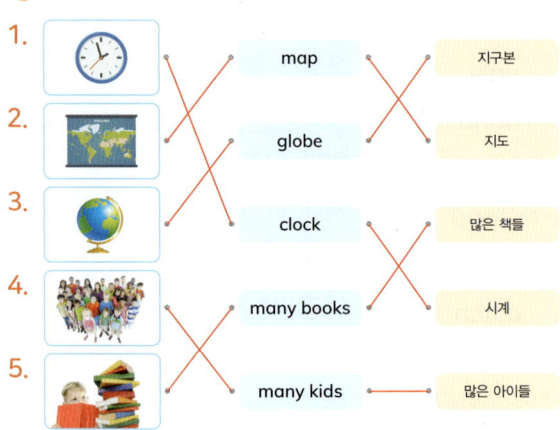

1. clock — 시계
2. map — 지도
3. globe — 지구본
4. many kids — 많은 아이들
5. many books — 많은 책들

### B

1. school
2. classroom
3. teacher
4. student
5. welcome

## Picture Review — p. 93

1. school 학교
2. chair 의자
3. teacher 교사, 선생님
4. classroom 교실
5. board 칠판
6. student 학생
7. many kids 많은 아이들
8. Welcome to my school. 우리 학교에 온 것을 환영해.

# DAY 18

## Daily Test — p. 96

### A

1. P.E. — 체육
2. English — 영어
3. math — 수학
4. art class — 미술 수업
5. music class — 음악 수업

### B

1. science
2. playground
3. favorite
4. speak
5. paint

## Picture Review — p. 97

1. science 과학
2. sport 스포츠, 운동, 경기
3. playground 운동장, 놀이터
4. class 수업
5. favorite 가장 좋아하는
6. English class 영어 수업
7. paint a picture 그림을 그리다
8. I like to sing. 나는 노래 부르는 것을 좋아한다.

# DAY 19

**Daily Test** .................................... p. 100

A

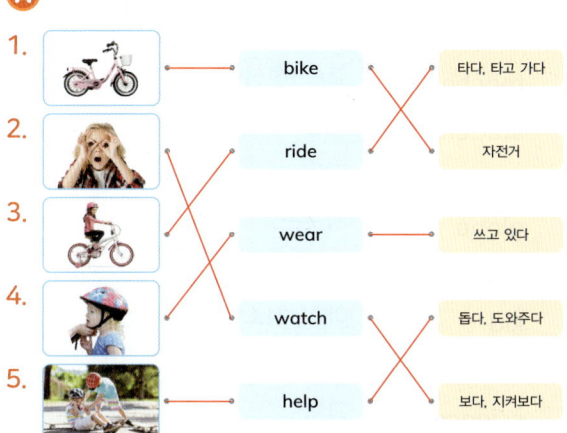

B

1. helmet
2. fast
3. slowly
4. skateboard
5. push

**Picture Review** .................................... p. 101

1. helmet 헬멧
2. wear 입고[신고/쓰고/착용하고] 있다
3. snowboard 스노보드; 스노보드를 타다
4. pull 끌다, 끌어당기다
5. help 돕다, 도와주다
6. ride a bike 자전거를 타다
7. go fast 빨리 가다
8. Watch out! 조심해!

# DAY 20

**Daily Test** .................................... p. 104

A

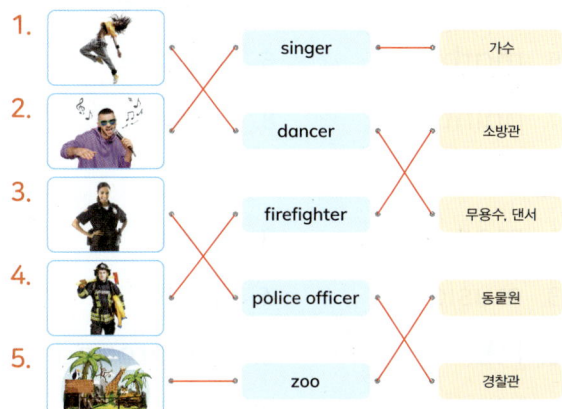

B

1. doctor
2. nurse
3. hospital
4. zookeeper
5. work

**Picture Review** .................................... p. 105

1. dancer 무용수, 댄서
2. nurse 간호사
3. zookeeper 동물원 사육사, 동물원 관리자
4. police officer 경찰관
5. work 일하다, 작업하다
6. fire station 소방서
7. at the hospital 병원에서
8. at home 집에, 집에서

## DAY 17-20 — Review Test 05

### A
1. welcome
2. classroom
3. teacher
4. favorite
5. math
6. science
7. paint
8. speak

### B
1. map
2. clock
3. music
4. sport
5. P.E.
6. playground
7. bike
8. ride
9. watch
10. police station

### C
1. sing
2. paint
3. zoo
4. hospital

### D
1. art
2. playground
3. favorite
4. ride
5. wear

### E
1. push
2. student
3. slowly

### F
- [ ] school — 학교
- [ ] classroom — 교실
- [ ] teacher — 교사, 선생님
- [ ] student — 학생
- [ ] map — 지도
- [ ] globe — 지구본
- [ ] many — 많은, 여러
- [ ] kid — 아이, 청소년 (비격식)
- [ ] math — 수학
- [ ] science — 과학
- [ ] music — 음악
- [ ] art — 미술, 예술
- [ ] playground — 운동장, 놀이터
- [ ] sport — 스포츠, 운동, 경기
- [ ] favorite — 가장 좋아하는
- [ ] speak — 말하다, 이야기를 주고받다
- [ ] ride — (탈것을) 타다, 타고 가다
- [ ] wear — 입고[신고/쓰고/착용하고] 있다
- [ ] fast — 빨리, 바르게; 빠른
- [ ] slowly — 천천히, 느리게
- [ ] pull — 끌다, 끌어당기다
- [ ] push — 밀다
- [ ] watch — (관심을 기울이며) 보다, 지켜보다
- [ ] help — 돕다, 도와주다
- [ ] doctor — 의사
- [ ] nurse — 간호사
- [ ] work — 일하다, 작업하다; 일, 작업
- [ ] hospital — 병원
- [ ] firefighter — 소방관
- [ ] fire station — 소방서
- [ ] police officer — 경찰관
- [ ] police station — 경찰서

# DAY 21

## Daily Test — p. 112

### A

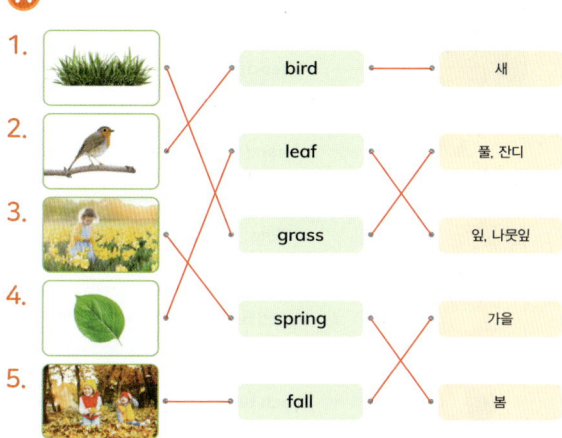

### B
1. beautiful
2. butterfly
3. garden
4. flower
5. summer

## Picture Review — p. 113

1. tree 나무
2. winter 겨울
3. flower 꽃
4. garden 정원
5. butterfly 나비
6. beautiful 아름다운
7. a green leaf 푸른 나뭇잎
8. four seasons 사계절

# DAY 22

## Daily Test — p. 116

### A

1. house — 집
2. cave — 동굴, 굴
3. bear — 곰
4. fish — 물고기
5. nest — (새의) 둥지

### B
1. where
2. there
3. people
4. hive
5. ocean

## Picture Review — p. 117

1. here 여기에(서)
2. live (~에) 살다, 거주하다
3. hive 벌집
4. people 사람들
5. ocean 대양, 바다
6. house 집
7. in the cave 동굴에(서)
8. a lot of people 많은 사람들

# DAY 23

**Daily Test** .................... p. 120

### A

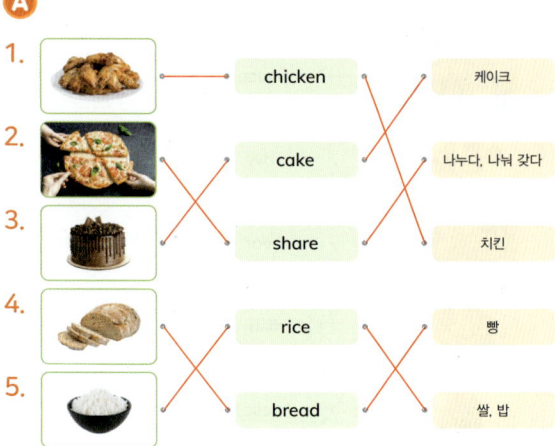

1. chicken — 치킨
2. cake — 케이크
3. share — 나누다, 나눠 갖다
4. rice — 쌀, 밥
5. bread — 빵

### B

1. food
2. lunch
3. hamburger
4. sandwich
5. delicious

**Picture Review** .................... p. 121

1. rice 쌀, 밥
2. bread 빵
3. share (함께) 나누다, 나눠 갖다
4. food 음식
5. delicious 아주 맛있는
6. sandwich 샌드위치
7. share lunch 점심을 나눠 먹다
8. Here you are.
   여기 있어(요). / 이거 받으세요.

# DAY 24

**Daily Test** .................... p. 124

### A

1. beach — 해변, 바닷가
2. sand — 모래, 모래사장
3. kite — 연
4. beach ball — 물놀이용 공
5. beach tube — 물놀이용 튜브

### B

1. water
2. swimsuit
3. sunglasses
4. balloon
5. activity

**Picture Review** .................... p. 125

1. sea 바다
2. beach 해변, 바닷가
3. sunglasses 선글라스
4. swimsuit 수영복
5. kite 연
6. balloon 풍선
7. wear a swimsuit 수영복을 입다
8. swim in the sea 바다에서 수영하다

**DAY 21-24**   **Review Test 06**   p. 126

**A**
1. house
2. garden
3. nest
4. hive
5. share
6. delicious
7. sand
8. beach

**B**
1. bird
2. grass
3. water
4. there
5. rice
6. fish
7. where
8. food
9. kite
10. spring

**C**
1. house
2. cave
3. flower
4. many

**D**
1. leaf
2. food
3. lunch
4. water
5. sunglasses

**E**
1. ocean
2. delicious
3. a lot of

**F**

| | | |
|---|---|---|
| ☐ | spring | 봄 |
| ☐ | summer | 여름 |
| ☐ | fall | 가을 |
| ☐ | winter | 겨울 |
| ☐ | butterfly | 나비 |
| ☐ | flower | 꽃 |
| ☐ | beautiful | 아름다운, 멋진 |
| ☐ | garden | 정원 |
| ☐ | live | (~에) 살다, 거주하다 |
| ☐ | where | 어디에, 어디에서 |
| ☐ | house | 집 |
| ☐ | people | 사람들 |
| ☐ | cave | 동굴, 굴 |
| ☐ | hive | 벌집 |
| ☐ | ocean | 대양, 바다 |
| ☐ | a lot of | 많은 |
| ☐ | delicious | 아주 맛있는 |
| ☐ | food | 음식 |
| ☐ | rice | 쌀, 밥 |
| ☐ | bread | 빵 |
| ☐ | hamburger | 햄버거 |
| ☐ | sandwich | 샌드위치 |
| ☐ | share | (함께) 나누다, 나눠 갖다 |
| ☐ | lunch | 점심, 점심 식사 |
| ☐ | beach | 해변, 바닷가 |
| ☐ | water | 물, (강, 바다의) 물 |
| ☐ | swimsuit | 수영복 |
| ☐ | sunglasses | 선글라스 |
| ☐ | kite | 연 |
| ☐ | balloon | 풍선 |
| ☐ | fun | 재미, 즐거움; 재미있는 |
| ☐ | activity | 활동 |

# DAY 25

**Daily Test** .................... p. 132

**A**

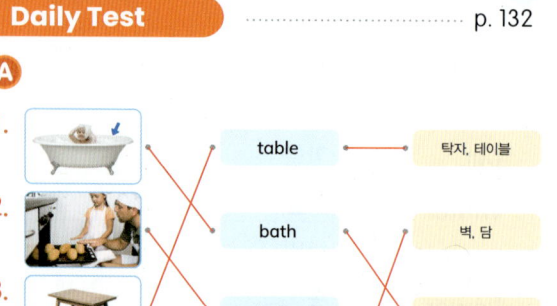

**B**

1. bedroom
2. kitchen
3. bathroom
4. make
5. cook

**Picture Review** .................... p. 133

1. bathroom 욕실, 화장실
2. living room 거실
3. bedroom 침실, 방
4. kitchen 부엌, 주방
5. dish 접시, 그릇
6. make 만들다
7. bake bread 빵을 굽다
8. wash the dishes 설거지를 하다, 그릇을 씻다

# DAY 26

**Daily Test** .................... p. 136

**A**

**B**

1. hungry
2. angry
3. sorry
4. sleepy
5. thirsty

**Picture Review** .................... p. 137

1. happy 행복한, 기쁜
2. hungry 배고픈
3. sleepy 졸리는, 졸음이 오는
4. thirsty 목이 마른
5. sick 아픈, 병든
6. sorry 미안한, 유감스러운
7. look sad 슬퍼 보이다
8. look angry 화가 나 보이다

# DAY 27

**Daily Test** .................... p. 140

A

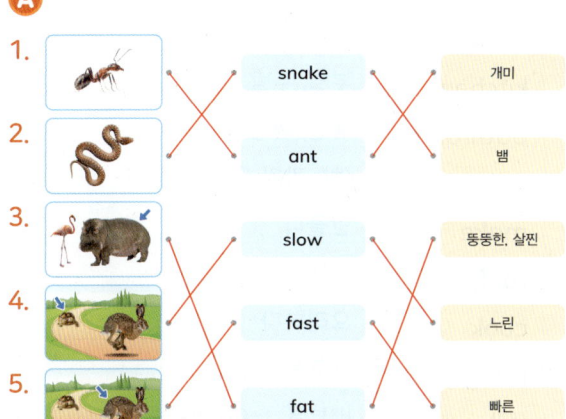

B

1. guess
2. small
3. short
4. rabbit
5. turtle

**Picture Review** .................... p. 141

1. long (길이, 거리가) 긴
2. small (크기가) 작은, (양이) 적은
3. slow 느린
4. fat 뚱뚱한, 살찐
5. short (길이, 거리가) 짧은, 키가 작은
6. turtle 거북이
7. a long snake 긴 뱀
8. a fast rabbit 빠른 토끼

# DAY 28

**Daily Test** .................... p. 144

A

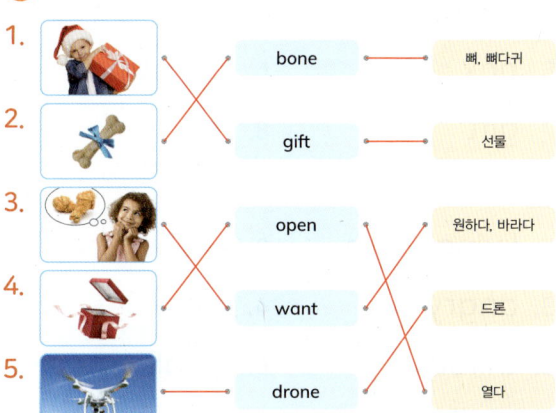

B

1. Christmas
2. dinner
3. close
4. watch
5. please

**Picture Review** .................... p. 145

1. box 상자, 박스
2. close (문, 뚜껑 등을) 닫다
3. watch 손목시계
4. drone 드론
5. dinner 저녁 식사, 만찬
6. want 원하다, 바라다
7. for you 너를 위한, 너를 위해
8. No, thanks. 아뇨, 괜찮습니다.

## Review Test 07   DAY 25-28   p. 146

**A**
1. cook
2. bake
3. make
4. roof
5. box
6. Christmas
7. gift
8. for

**B**
1. living room
2. kitchen
3. angry
4. sorry
5. thirsty
6. small
7. wall
8. dinner
9. fine
10. want

**C**
1. dishes
2. tired
3. long
4. fat

**D**
1. bathroom
2. short
3. sleepy
4. kitchen
5. Guess

**E**
1. hungry
2. fast
3. close

**F**
- ☐ bedroom — 침실, 방
- ☐ living room — 거실
- ☐ kitchen — 부엌, 주방
- ☐ bathroom — 욕실, 화장실
- ☐ bake — (빵, 과자 등을) 굽다
- ☐ make — 만들다
- ☐ roof — 지붕
- ☐ cook — 요리하다
- ☐ hungry — 배고픈
- ☐ full — 배부른, (~이) 가득 찬
- ☐ angry — 화난, 성난
- ☐ sorry — 미안한, 유감스러운
- ☐ tired — 피곤한
- ☐ sleepy — 졸리는, 졸음이 오는
- ☐ thirsty — 목이 마른
- ☐ sick — 아픈, 병든
- ☐ guess — 추측하다, 알아맞히다
- ☐ snake — 뱀
- ☐ long — (길이, 거리가) 긴
- ☐ short — (길이, 거리가) 짧은, 키가 작은
- ☐ rabbit — 토끼
- ☐ turtle — 거북이
- ☐ fast — 빠른; 빨리, 빠르게
- ☐ slow — 느린; 느리게
- ☐ dinner — 저녁 식사, 만찬
- ☐ gift — 선물
- ☐ open — (문, 뚜껑 등을) 열다
- ☐ close — (문, 뚜껑 등을) 닫다
- ☐ watch — 손목시계
- ☐ drone — 드론
- ☐ want — 원하다, 바라다
- ☐ please — 부디, 제발

# DAY 29

**Daily Test** .................... p. 152

**A**

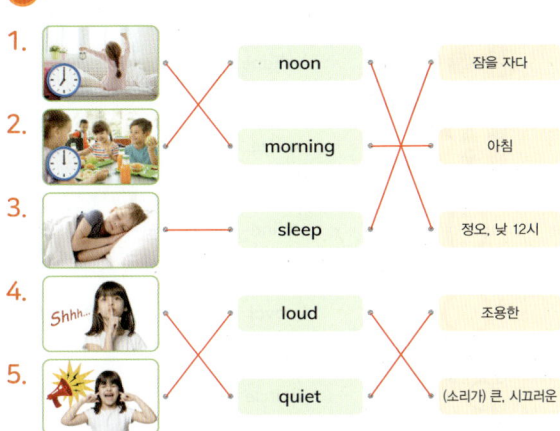

1. — noon — 정오, 낮 12시
2. — morning — 아침
3. — sleep — 잠을 자다
4. — loud — 조용한
5. — quiet — (소리가) 큰, 시끄러운

**B**

1. afternoon
2. evening
3. night
4. moon
5. shine

**Picture Review** .................... p. 153

1. day  낮
2. evening  저녁
3. sleep  잠을 자다
4. afternoon  오후
5. quiet  조용한
6. star  별
7. at night  밤에
8. Good morning.  안녕(좋은 아침이야).

# DAY 30

**Daily Test** .................... p. 156

**A**

1. — snow — 구름들
2. — rain — 눈; 눈이 오다
3. — clouds — 비; 비가 오다
4. — gloves — 장갑 두 짝(한 켤레)
5. — rain boots — 장화 두 짝(한 켤레)

**B**

1. snowman
2. snowball
3. umbrella
4. raincoat
5. outside

**Picture Review** .................... p. 157

1. snowman  눈사람
2. raincoat  비옷, 레인코트
3. umbrella  우산
4. gloves  장갑 (한 켤레)
5. rain boots  장화 (한 켤레)
6. inside  안에, 안으로; ~의 안에
7. make a snowball  눈 뭉치를 만들다
8. bad weather  안 좋은 날씨, 악천후

# DAY 31

**Daily Test** .................... p. 160

A

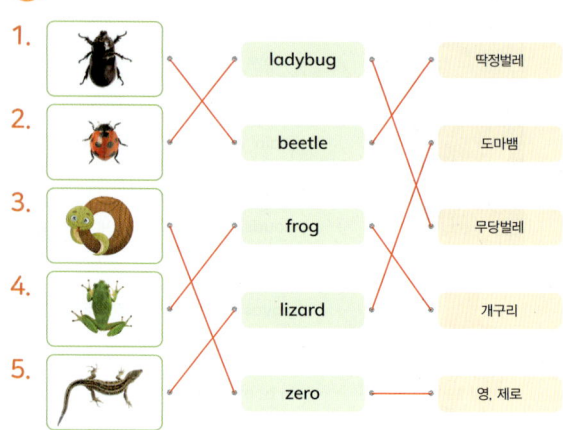

B

1. black
2. white
3. grasshopper
4. spider
5. crab

**Picture Review** .................... p. 161

1. bug (작은) 벌레, 곤충
2. grasshopper 메뚜기, 베짱이
3. spider 거미
4. zero 0, 영, 제로
5. white 흰, 흰색의; 흰색
6. crab 게
7. a black bug 검은 벌레
8. a pair of wings 한 쌍의 날개

# DAY 32

**Daily Test** .................... p. 164

A

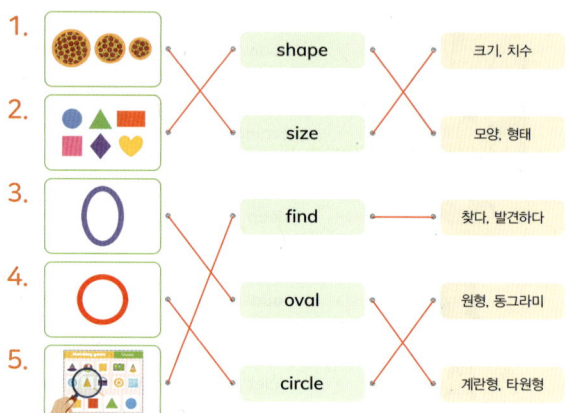

B

1. picture
2. triangle
3. rectangle
4. square
5. diamond

**Picture Review** .................... p. 165

1. shape 모양, 형태
2. circle 원형, 동그라미
3. triangle 삼각형
4. rectangle 직사각형
5. heart 심장, 하트 모양
6. square 정사각형
7. play a game 게임을 하다
8. a diamond shape 다이아몬드 모양, 마름모꼴

## DAY 29-32  Review Test 08   p. 166

### A
1. afternoon
2. outside
3. snow
4. snowman
5. umbrella
6. rain boots
7. sleep
8. night

### B
1. evening
2. day
3. loud
4. snow
5. wind
6. white
7. frog
8. oval
9. square
10. star

### C
1. raincoat
2. gloves
3. legs
4. wings

### D
1. noon
2. outside
3. weather
4. pair
5. oval

### E
1. night
2. quiet
3. inside

### F

| | | |
|---|---|---|
| ☐ | morning | 아침, 오전 |
| ☐ | afternoon | 오후 |
| ☐ | day | 낮 |
| ☐ | night | 밤 |
| ☐ | shine | 빛나다, 반짝이다 |
| ☐ | sleep | 잠을 자다; 잠 |
| ☐ | quiet | 조용한 |
| ☐ | loud | (소리가) 큰, 시끄러운 |
| ☐ | snow | 눈; 눈이 오다 |
| ☐ | rain | 비; 비가 오다 |
| ☐ | snowman | 눈사람 |
| ☐ | snowball | 눈 뭉치, 눈덩이 |
| ☐ | umbrella | 우산 |
| ☐ | raincoat | 비옷, 레인코트 |
| ☐ | outside | 밖에, 밖에서; ~의 밖에, ~의 바깥쪽에 |
| ☐ | inside | 안에, 안으로; ~의 안에 |
| ☐ | bug | (작은) 벌레, 곤충 |
| ☐ | black | 검은, 검은색의; 검은색 |
| ☐ | white | 흰, 흰색의; 흰색 |
| ☐ | spider | 거미 |
| ☐ | crab | 게 |
| ☐ | frog | 개구리 |
| ☐ | lizard | 도마뱀 |
| ☐ | wing | 날개 |
| ☐ | shape | 모양, 형태 |
| ☐ | size | 크기, 치수, 사이즈 |
| ☐ | game | 게임, 경기, 시합 |
| ☐ | find | 찾다, 발견하다 |
| ☐ | oval | 계란형, 타원형; 계란형의, 타원형의 |
| ☐ | triangle | 삼각형 |
| ☐ | rectangle | 직사각형 |
| ☐ | square | 정사각형; 정사각형 모양의 |

## A

| | |
|---|---|
| a lot of | 115 |
| a pair of | 159 |
| activity | 123 |
| afternoon | 150 |
| angry | 134 |
| animal | 22 |
| ant | 138 |
| apple | 34 |
| arm | 55 |
| art | 94 |
| at home | 103 |

## B

| | |
|---|---|
| baby | 15 |
| bad | 75 |
| bad weather | 155 |
| bake | 131 |
| ball | 78 |
| balloon | 123 |
| banana | 34 |
| bath | 130 |
| bathroom | 130 |
| beach | 122 |
| beach ball | 123 |
| beach tube | 123 |
| bear | 115 |
| beautiful | 111 |
| bed | 78 |
| bedroom | 130 |
| beetle | 158 |
| behind | 74 |
| beside | 74 |
| best friend | 11 |
| big | 50 |
| bike | 98 |
| bird | 110 |
| black | 158 |
| blue | 31 |
| blueberry | 34 |
| board | 91 |
| body | 54 |
| bone | 143 |
| book | 42 |
| boot | 155 |
| box | 142 |
| boy | 11 |
| bread | 118 |
| brother | 15 |
| brush | 82 |
| bug | 158 |
| butterfly | 111 |
| bye | 10 |

## C

| | |
|---|---|
| cake | 119 |
| can | 18 |
| can't | 18 |
| cap | 75 |
| carrot | 35 |
| cat | 22 |
| catch | 71 |
| cave | 115 |
| chair | 91 |
| chicken | 23, 119 |
| Christmas | 142 |
| circle | 162 |
| class | 94 |
| classroom | 90 |
| clean | 83 |
| clock | 91 |
| close | 142 |
| cloud | 154 |
| cloudy | 59 |
| cold | 58 |
| color | 30, 43 |
| come | 62 |
| computer | 79 |
| cook | 131 |
| cookie | 82 |
| cool | 58 |
| count | 39 |
| count to ten | 39 |
| cow | 23 |
| crab | 159 |
| crayon | 42 |
| cut | 43 |
| cute | 51 |

## D

| | |
|---|---|
| dad | 14 |
| dance | 18 |
| dancer | 102 |

day ........................................... 150
delicious ................................. 118
desk .......................................... 91
diamond ................................. 163
dinner ..................................... 142
dirty .......................................... 83
dish ......................................... 131
do .............................................. 83
do the dishes ....................... 131
doctor ..................................... 102
dog ............................................ 22
doll ............................................ 78
door .......................................... 78
down ........................................ 62
draw .......................................... 43
drink .......................................... 82
drone ...................................... 143
duck .......................................... 23

### E

ear ............................................. 54
eat ............................................. 82
eight ......................................... 39
elephant ................................. 50
English ..................................... 94
eraser ...................................... 42
evening .................................. 150
eye ............................................ 54

### F

face ........................................... 54

fall ........................................... 110
family ....................................... 15
farm .......................................... 22
farm animals ......................... 23
fast .................................. 98, 139
fat ........................................... 138
favorite .................................... 95
find ......................................... 163
fine ......................................... 135
finger ....................................... 55
fire station ........................... 103
firefighter ............................. 103
fish ......................................... 115
five ............................................ 38
flower .................................... 111
fly .............................................. 19
food ....................................... 118
foot ........................................... 55
for ........................................... 143
four ........................................... 38
four seasons ....................... 111
friend ....................................... 11
frog ........................................ 159
fruit .......................................... 34
full ......................................... 134
fun ......................................... 123

### G

game ..................................... 163
garden ................................... 111
gift ......................................... 142

giraffe ...................................... 50
girl ............................................ 11
globe ....................................... 90
glove ..................................... 155
go ............................................. 62
go to bed ............................... 83
go to sleep .......................... 151
good ........................................ 75
Good job! ............................ 163
grandma ................................ 14
grandpa .................................. 14
grass ..................................... 111
grasshopper ....................... 158
green ....................................... 31
guess .................................... 138
Guess what! ....................... 139

### H

hamburger .......................... 118
hand ......................................... 55
handsome ............................. 70
happy ................................... 134
hat ............................................ 75
have ......................................... 42
have fun ................................. 63
he .............................................. 15
heart ..................................... 163
hello ......................................... 10
helmet ..................................... 98
help .......................................... 99
here ....................................... 114

| | | |
|---|---|---|
| Here you are. ... 119 | **L** | moon ... 151 |
| hill ... 63 | ladybug ... 158 | morning ... 150 |
| hive ... 115 | lake ... 63 | mountain ... 63 |
| homework ... 83 | leaf ... 111 | mouth ... 54 |
| horse ... 23 | leg ... 55 | music ... 94 |
| hospital ... 102 | Let's ... 19 | my ... 10 |
| hot ... 58 | like ... 22 | |
| house ... 114 | like to ... 95 | **N** |
| how ... 135 | little ... 50 | name ... 11 |
| How many...? ... 123 | live ... 114 | nest ... 115 |
| hug ... 71 | living room ... 130 | new ... 79 |
| hungry ... 134 | lizard ... 159 | night ... 150 |
| | long ... 139 | nine ... 39 |
| **I** | look ... 30 | No, thanks. ... 143 |
| I ... 10 | look at ... 31 | noon ... 150 |
| ice cream ... 119 | look happy ... 135 | nose ... 54 |
| in ... 74 | loud ... 151 | number ... 39 |
| inside ... 155 | love ... 31 | nurse ... 102 |
| it ... 30 | lunch ... 119 | |
| | | **O** |
| **J** | **M** | ocean ... 115 |
| jump ... 18 | make ... 131 | old ... 79 |
| jump rope ... 18 | many ... 91 | on ... 74 |
| | map ... 90 | on my lap ... 75 |
| **K** | mat ... 75 | one ... 38 |
| kid ... 91 | math ... 94 | onion ... 35 |
| kitchen ... 130 | meet ... 70 | open ... 142 |
| kite ... 123 | milk ... 82 | orange ... 30 |
| kitten ... 51 | mix ... 31 | outside ... 155 |
| | mom ... 14 | oval ... 162 |
| | monkey ... 51 | over ... 74 |

## P

- paint .......... 95
- park .......... 62
- P.E. .......... 95
- pencil .......... 42
- people .......... 114
- pet .......... 70
- picture .......... 163
- pig .......... 23
- pizza .......... 119
- play .......... 62
- playground .......... 95
- please .......... 143
- police officer .......... 103
- police station .......... 103
- potato .......... 35
- pretty .......... 70
- pull .......... 99
- puppy .......... 51
- purple .......... 31
- push .......... 99

## Q

- quiet .......... 151

## R

- rabbit .......... 139
- rain .......... 154
- rainbow .......... 30
- raincoat .......... 155
- rainy .......... 59
- read .......... 43
- rectangle .......... 162
- red .......... 30
- rice .......... 118
- ride .......... 98
- river .......... 63
- robot .......... 79
- roof .......... 131
- room .......... 78
- run .......... 19

## S

- sad .......... 134
- sand .......... 122
- sandwich .......... 118
- school .......... 90
- school bag .......... 43
- science .......... 94
- scissors .......... 42
- sea .......... 122
- see .......... 22
- seven .......... 39
- shake .......... 71
- shake hands .......... 71
- shape .......... 162
- share .......... 119
- she .......... 15
- sheep .......... 23
- shine .......... 151
- shoe .......... 75
- short .......... 50, 139
- shower .......... 83
- sick .......... 135
- sing .......... 18
- singer .......... 102
- sister .......... 15
- sit .......... 71
- six .......... 38
- size .......... 162
- skate .......... 63
- skateboard .......... 99
- sky .......... 58
- sled .......... 63
- sleep .......... 151
- sleepy .......... 135
- slow .......... 139
- slowly .......... 98
- small .......... 138
- smart .......... 70
- smart speaker .......... 79
- snake .......... 138
- snow .......... 154
- snowball .......... 154
- snowboard .......... 99
- snowman .......... 154
- snowy .......... 59
- snowy day .......... 59
- so .......... 138
- sorry .......... 134
- speak .......... 95
- spider .......... 159
- sport .......... 95

spring .......... 110
square .......... 163
stand .......... 71
star .......... 151
strawberry .......... 34
student .......... 90
summer .......... 110
sun .......... 59
sunglasses .......... 122
sunny .......... 59
sweet .......... 35
swim .......... 19
swimsuit .......... 122

**T**

table .......... 130
tall .......... 50
teacher .......... 90
teddy bear .......... 79
ten .......... 39
that .......... 14
there .......... 114
There are .......... 51
There is .......... 35
they .......... 19
thirsty .......... 135
this .......... 14
This is .......... 15
three .......... 38
tired .......... 135
toe .......... 55

tomato .......... 35
tooth .......... 82
toy .......... 79
tree .......... 110
triangle .......... 162
turtle .......... 139
two .......... 38

**U**

ugly .......... 70
umbrella .......... 155
under .......... 74
up .......... 62

**V**

vegetable .......... 34
very .......... 51

**W**

wait .......... 71
walk .......... 19
wall .......... 131
want .......... 143
warm .......... 58
wash .......... 83
watch .......... 99, 143
watch out .......... 99
water .......... 122
we .......... 19
wear .......... 98
weather .......... 58

welcome to .......... 91
what .......... 11
where .......... 114
white .......... 158
who .......... 11
wind .......... 154
window .......... 78
windy .......... 59
wing .......... 159
winter .......... 110
with .......... 43
with your eyes .......... 55
work .......... 102
write .......... 43

**Y**

yellow .......... 31
you .......... 10
your .......... 10
yummy .......... 35

**Z**

zebra .......... 51
zero .......... 159
zoo .......... 103
zookeeper .......... 103

# MEMO

# MEMO

# A*List VOCA

**어휘 쓰기장**

초등 기본

# A*List VOCA

**어휘 쓰기장**

초등
기본

# DAY 01

학습일:　　월　　일

🔴 다음 단어들을 큰 소리로 읽고 쓰세요.

hello　hello

안녕

bye　bye

잘 가

I　I

나

you　you

너, 너희

my　my

나의, 내

your　your

너의, 네

## boy　boy
남자아이, 소년

## girl　girl
여자아이, 소녀

## name　name
이름

## friend　friend
친구

## who　who
누구

## what　what
무엇

## best friend　best friend
가장 친한 친구, 단짝 친구

# DAY 02

학습일:    월    일

● 다음 단어들을 큰 소리로 읽고 쓰세요.

this   this

이것, 이 사람

that   that

저것, 저 사람

mom   mom

엄마

dad   dad

아빠

grandma   grandma

할머니

grandpa   grandpa

할아버지

**she**
그녀, 그 여자

**he**
그, 그 남자

**sister**
언니, 누나, 여동생

**brother**
오빠, 형, 남동생

**baby**
아기

**family**
가족

**This is**
이 사람은 ~이다

# DAY 03

학습일:　　월　　일

● 다음 단어들을 큰 소리로 읽고 쓰세요.

can　can
~할 수 있다

can't　can't
~할 수 없다

sing　sing
노래하다

dance　dance
춤을 추다; 춤

jump　jump
점프하다, 뛰어오르다

jump rope　jump rope
줄넘기를 하다; 줄넘기, 줄넘기 줄

walk walk

걷다

run run

뛰다, 달리다

fly fly

(하늘을) 날다

swim swim

수영하다, 헤엄치다

we we

우리

they they

그들, 그것들

Let's Let's

(우리) ~하자

# DAY 04

학습일:   월   일

● 다음 단어들을 큰 소리로 읽고 쓰세요.

farm   farm

농장

animal   animal

동물

see   see

보다, (눈에) 보이다

like   like

좋아하다

dog   dog

개

cat   cat

고양이

**chicken** chicken

닭

**duck** duck

오리

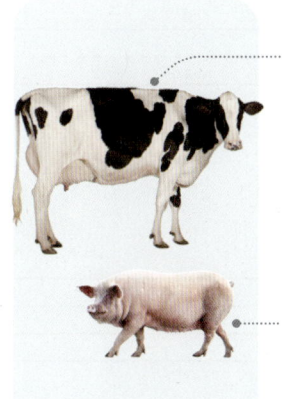

**cow** cow

암소, 젖소

**pig** pig

돼지

**horse** horse

말

**sheep** sheep

양

**farm animals** farm animals

농장 동물들, 가축들

# DAY 05

학습일:    월    일

● 다음 단어들을 큰 소리로 읽고 쓰세요.

look  look

보다, 바라보다

rainbow  rainbow

무지개

color  color

색, 색깔

it  it

그것

red  red

빨간색의; 빨간색

orange  orange

주황색의; 주황색, 오렌지

yellow  yellow

노란색의; 노란색

green  green

녹색의; 녹색, 초록색

blue  blue

파란색의; 파란색

purple  purple

보라색의; 보라색

mix  mix

섞다, 혼합하다

love  love

사랑하다; 사랑

look at  look at

~을 바라보다, ~을 쳐다보다

# DAY 06

학습일:     월     일

● 다음 단어들을 큰 소리로 읽고 쓰세요.

fruit    fruit

과일

vegetable    vegetable

채소, 야채

apple    apple

사과

banana    banana

바나나

strawberry    strawberry

딸기

blueberry    blueberry

블루베리

**potato** potato

감자

**tomato** tomato

토마토

**carrot** carrot

당근

**onion** onion

양파

**sweet** sweet

달콤한, 단

**yummy** yummy

아주 맛있는

**There is** There is

~이(가) 있다

# DAY 07

학습일:　　　월　　　일

🟠 다음 단어들을 큰 소리로 읽고 쓰세요.

one  one
1. 하나

two  two
2. 둘

three  three
3. 셋

four  four
4. 넷

five  five
5. 다섯

six  six
6. 여섯

**seven** seven

7, 일곱

**eight** eight

8, 여덟

**nine** nine

9, 아홉

**ten** ten

10, 열

**count** count

(수를) 세다, 계산하다

**number** number

숫자, 수

**count to ten** count to ten

열(10)까지 세다

# DAY 08

학습일:   월   일

● 다음 단어들을 큰 소리로 읽고 쓰세요.

have   have

가지다, (가지고) 있다

book   book

책

pencil   pencil

연필

eraser   eraser

지우개

crayon   crayon

크레용

scissors   scissors

가위

read    read

읽다

write   write

쓰다

draw    draw

(연필, 펜 등으로) 그리다

with    with

~로, ~와 함께

color   color

(~에) 색칠하다; 색, 색깔

cut     cut

자르다, 잘라 내다

school bag   school bag

학교 가방, 책가방

# DAY 09

학습일:     월     일

● 다음 단어들을 큰 소리로 읽고 쓰세요.

big  big
(크기가) 큰

little  little
(크기가) 작은, 어린

tall  tall
키가 큰

short  short
키가 작은

elephant  elephant
코끼리

giraffe  giraffe
기린

zebra  zebra

얼룩말

monkey  monkey

원숭이

puppy  puppy

강아지

kitten  kitten

새끼 고양이

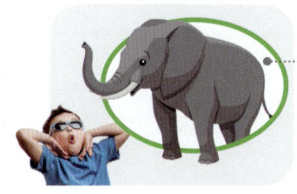

very  very

매우, 아주

cute  cute

귀여운

There are  There are

~이 있다 (둘 이상)

# DAY 10

학습일:    월    일

● 다음 단어들을 큰 소리로 읽고 쓰세요.

face  face
얼굴

body  body
몸, 신체

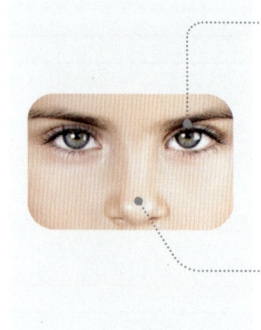

eye  eye
눈

nose  nose
코

mouth  mouth
입

ear  ear
귀

arm　arm

팔

hand　hand

손

leg　leg

다리

foot　foot

발

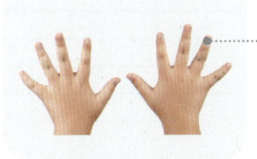

finger　finger

손가락

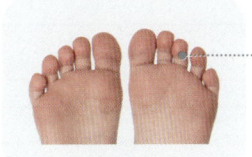

toe　toe

발가락

with your eyes　with your eyes

(너의) 눈으로, 눈을 이용하여

# DAY 11

학습일:    월    일

● 다음 단어들을 큰 소리로 읽고 쓰세요.

sky    sky
하늘

weather    weather
날씨

warm    warm
따뜻한, 따스한

hot    hot
더운, 뜨거운

cool    cool
선선한, 시원한

cold    cold
추운, 차가운

**sun**  sun

태양, 해

**sunny**  sunny

해가 쨍쨍 내리쬐는, 화창한

**rainy**  rainy

비가 (많이) 오는

**snowy**  snowy

눈이 (많이) 오는

**cloudy**  cloudy

흐린, 구름이 잔뜩 낀

**windy**  windy

바람이 (많이) 부는

**snowy day**  snowy day

눈 오는 날

# DAY 12

학습일: 　월　　일

🟠 다음 단어들을 큰 소리로 읽고 쓰세요.

**play** play

놀다, (게임 등을) 하다

**park** park

공원

**come** come

오다

**go** go

가다

**up** up

위로, 위에

**down** down

아래로, 아래에

hill hill

언덕

mountain mountain

산

river river

강

lake lake

호수

skate skate

스케이트를 타다; 스케이트화 (한 짝)

sled sled

썰매를 타다; 썰매

have fun have fun

재미있게 놀다, 즐거운 시간을 보내다

# DAY 13

학습일:     월     일

● 다음 단어들을 큰 소리로 읽고 쓰세요.

pet   pet

애완동물, 반려동물

meet   meet

만나다

pretty   pretty

예쁜, 귀여운

smart   smart

똑똑한, 영리한

ugly   ugly

못생긴, 추한

handsome   handsome

잘생긴, 멋진

sit  sit

앉다, 앉아 있다

stand  stand

서다, 서 있다

wait  wait

기다리다

shake  shake

흔들다, 털다

catch  catch

(움직이는 물체를) 잡다

hug  hug

포옹하다, 껴안다

shake hands  shake hands

악수를 하다

# DAY 14

학습일:     월     일

● 다음 단어들을 큰 소리로 읽고 쓰세요.

in   in

~ 안에, ~ 속에

on   on

~ 위에

under   under

~ (바로) 아래에

over   over

(표면에 닿지 않게) ~ 위에, ~ 위로

beside   beside

~ 옆에, ~ 쪽에

behind   behind

~ 뒤에

**mat**
매트, 깔개

**hat**
모자

**cap**
(앞부분에 챙이 달린) 모자

**shoe**
신, 신발 (한 짝)

**bad**
나쁜, 안 좋은

**good**
좋은, 착한

**on my lap**
내 무릎 위에

# DAY 15

학습일:　　월　　일

● 다음 단어들을 큰 소리로 읽고 쓰세요.

room　room

방

bed　bed

침대

door　door

문

window　window

창문

ball　ball

공

doll　doll

인형

**toy** toy

장난감

**teddy bear** teddy bear

곰 인형

**computer** computer

컴퓨터

**robot** robot

로봇

**new** new

새로운, 새것의

**old** old

낡은, 오래된, 늙은

**smart speaker** smart speaker

스마트 스피커, 인공지능 스피커

# DAY 16

학습일:　　월　　일

● 다음 단어들을 큰 소리로 읽고 쓰세요.

eat　eat

먹다

cookie　cookie

쿠키

drink　drink

(음료를) 마시다; 음료

milk　milk

우유

brush　brush

이를 닦다, 칫솔질을 하다

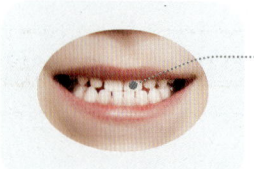

tooth　tooth

이, 치아 (한 개)

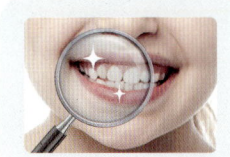

## clean   clean
깨끗한

## dirty   dirty
더러운, 지저분한

## wash   wash
씻다

## shower   shower
샤워(하기); 샤워를 하다

## homework   homework
숙제

## do   do
(어떤 동작이나 행동을) 하다

## go to bed   go to bed
잠자리에 들다, 자러 가다

# DAY 17

학습일:    월    일

● 다음 단어들을 큰 소리로 읽고 쓰세요.

school    school
학교

classroom    classroom
교실

teacher    teacher
교사, 선생님

student    student
학생

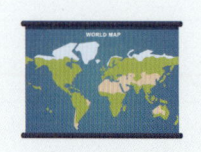
map    map
지도

globe    globe
지구본

# board  board
칠판, 게시판

# clock  clock
시계

# desk  desk
책상

# chair  chair
의자

# many  many
많은, 여러

# kid  kid
아이, 청소년

# welcome to  welcome to
~에 온 것을 환영하다

# DAY 18

학습일:    월    일

● 다음 단어들을 큰 소리로 읽고 쓰세요.

English   English

영어, 영어 과목

class   class

수업

math   math

수학

science   science

과학

music   music

음악

art   art

미술, 예술

# P.E. P.E.
체육

# playground playground
운동장, 놀이터

# sport sport
스포츠, 운동, 경기

# favorite favorite
가장 좋아하는

# paint paint
(물감으로) 그리다

# speak speak
말하다, 이야기를 주고받다

# like to like to
~하는 것을 좋아하다

# DAY 19

학습일:　　　월　　　일

● 다음 단어들을 큰 소리로 읽고 쓰세요.

**bike** bike

자전거

**ride** ride

(탈것을) 타다, 타고 가다

**helmet** helmet

헬멧

**wear** wear

입고 있다, 신고 있다

**fast** fast

빨리, 빠르게; 빠른

**slowly** slowly

천천히, 느리게

skateboard skateboard

스케이트보드

snowboard snowboard

스노보드

pull pull

끌다, 끌어당기다

push push

밀다

watch watch

보다, 지켜보다

help help

돕다, 도와주다

watch out watch out

조심하다, 주의하다

# DAY 20

학습일:    월    일

● 다음 단어들을 큰 소리로 읽고 쓰세요.

singer　singer

노래하는 사람, 가수

dancer　dancer

무용수, 댄서

doctor　doctor

의사

nurse　nurse

간호사

work　work

일하다, 작업하다; 일, 작업

hospital　hospital

병원

zookeeper

동물원 사육사

zoo

동물원

firefighter

소방관

fire station

소방서

police officer

경찰관

police station

경찰서

at home

집에, 집에서

# DAY 21

학습일:    월    일

● 다음 단어들을 큰 소리로 읽고 쓰세요.

spring  spring

봄

summer  summer

여름

fall  fall

가을

winter  winter

겨울

bird  bird

새

tree  tree

나무

**butterfly** butterfly

나비

**flower** flower

꽃

**leaf** leaf

잎, 나뭇잎

**grass** grass

풀, 잔디

**beautiful** beautiful

아름다운, 멋진

**garden** garden

정원

**four seasons** four seasons

사계절

# DAY 22

학습일:　　월　　일

● 다음 단어들을 큰 소리로 읽고 쓰세요.

live　live

(~에) 살다, 거주하다

where　where

어디에, 어디에서

here　here

여기에(서)

there　there

저기에(서), 거기에(서)

house　house

집

people　people

사람들

cave
동굴, 굴

bear
곰

nest
(새의) 둥지

hive
벌집

ocean
대양, 바다

fish
물고기

a lot of
많은

# DAY 23

학습일:　　월　　일

● 다음 단어들을 큰 소리로 읽고 쓰세요.

delicious  delicious

아주 맛있는

food  food

음식

rice  rice

쌀, 밥

bread  bread

빵

hamburger  hamburger

햄버거

sandwich  sandwich

샌드위치

**chicken**  chicken

치킨

**pizza**  pizza

피자

**ice cream**  ice cream

아이스크림

**cake**  cake

케이크

**share**  share

(함께) 나누다, 나눠 갖다

**lunch**  lunch

점심, 점심 식사

**Here you are.**  Here you are.

여기 있어(요). / 이거 받으세요.

# DAY 24

학습일:     월     일

● 다음 단어들을 큰 소리로 읽고 쓰세요.

beach   beach

해변, 바닷가

sand   sand

모래, 모래사장

sea   sea

바다

water   water

물, (강, 바다의) 물

sunglasses   sunglasses

선글라스

swimsuit   swimsuit

수영복

**beach ball** beach ball
비치 볼, 물놀이용 공

**beach tube** beach tube
비치 튜브, 물놀이용 튜브

**kite** kite
연

**balloon** balloon
풍선

**fun** fun
재미, 즐거움; 재미있는

**activity** activity
활동

**How many...?** How many...?
얼마나 많은 ~? / ~이 몇 개?

# DAY 25

학습일:   월   일

● 다음 단어들을 큰 소리로 읽고 쓰세요.

bedroom　bedroom
침실, 방

living room　living room
거실

kitchen　kitchen
부엌, 주방

table　table
탁자, 테이블

bathroom　bathroom
욕실, 화장실

bath　bath
욕조, 목욕

**roof** roof

지붕

**wall** wall

벽, 담

**make** make

만들다

**bake** bake

(빵, 과자 등을) 굽다

**cook** cook

요리하다

**dish** dish

접시, 그릇

**do the dishes** do the dishes

설거지를 하다, 그릇을 씻다

# DAY 26

학습일:   월   일

● 다음 단어들을 큰 소리로 읽고 쓰세요.

happy   happy

행복한, 기쁜

sad   sad

슬픈

hungry   hungry

배고픈

full   full

배부른, (~이) 가득 찬

angry   angry

화난, 성난

sorry   sorry

미안한, 유감스러운

tired tired

피곤한

sleepy sleepy

졸리는, 졸음이 오는

thirsty thirsty

목이 마른

sick sick

아픈, 병든

how how

어떻게, 어떤 상태로

fine fine

좋은, 건강한

look happy look happy

행복해 보이다

# DAY 27

학습일:　　　월　　　일

● 다음 단어들을 큰 소리로 읽고 쓰세요.

guess　guess
추측하다, 알아맞히다

so　so
정말로, 너무나, 대단히

snake　snake
뱀

ant　ant
개미

small　small
(크기가) 작은, (양이) 적은

fat　fat
뚱뚱한, 살찐

long long

(길이, 거리가) 긴

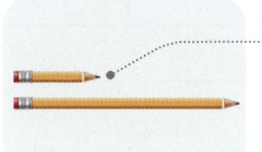

short short

(길이, 거리가) 짧은, 키가 작은

rabbit rabbit

토끼

turtle turtle

거북이

fast fast

빠른; 빨리, 빠르게

slow slow

느린; 느리게

Guess what! Guess what!

맞혀 봐! / 있잖아, 너 그거 알아?

# DAY 28

학습일:    월    일

● 다음 단어들을 큰 소리로 읽고 쓰세요.

Christmas   Christmas
크리스마스

dinner   dinner
저녁 식사, 만찬

gift   gift
선물

box   box
상자, 박스

open   open
(문, 뚜껑 등을) 열다

close   close
(문, 뚜껑 등을) 닫다

## for
~을 위해, ~을 위한

## watch
손목시계

## bone
뼈, 뼈다귀

## drone
드론

## want
원하다, 바라다

## please
부디, 제발

## No, thanks.
아뇨, 괜찮습니다.

# DAY 29

학습일:    월    일

● 다음 단어들을 큰 소리로 읽고 쓰세요.

**morning**   morning

아침, 오전

**afternoon**   afternoon

오후

**evening**   evening

저녁

**noon**   noon

정오, 낮 12시

**day**   day

낮

**night**   night

밤

moon   moon
달

star   star
별

shine   shine
빛나다, 반짝이다

sleep   sleep
잠을 자다; 잠

quiet   quiet
조용한

loud   loud
(소리가) 큰, 시끄러운

go to sleep   go to sleep
잠이 들다, 잠을 자다

# DAY 30

학습일:　　월　　일

● 다음 단어들을 큰 소리로 읽고 쓰세요.

**snow**　snow
눈; 눈이 오다

**rain**　rain
비; 비가 오다

**wind**　wind
바람

**cloud**　cloud
구름

**snowman**　snowman
눈사람

**snowball**　snowball
눈 뭉치, 눈덩이

## umbrella
우산

## raincoat
비옷, 레인코트

## boot
장화, 부츠 (한 짝)

## glove
장갑 (한 짝)

## outside
밖에, 밖에서; ~의 밖에

## inside
안에, 안으로; ~의 안에

## bad weather
안 좋은 날씨, 악천후

# DAY 31

학습일:    월    일

● 다음 단어들을 큰 소리로 읽고 쓰세요.

bug    bug

(작은) 벌레, 곤충

ladybug    ladybug

무당벌레

black    black

검은, 검은색의; 검은색

white    white

흰, 흰색의; 흰색

beetle    beetle

딱정벌레

grasshopper    grasshopper

메뚜기, 베짱이

**spider** spider
거미

**crab** crab
게

**frog** frog
개구리

**lizard** lizard
도마뱀

**zero** zero
0, 영, 제로

**wing** wing
날개

**a pair of** a pair of
한 쌍의, 한 켤레의

# DAY 32

학습일:　　월　　일

● 다음 단어들을 큰 소리로 읽고 쓰세요.

shape
모양, 형태

size
크기, 치수, 사이즈

circle
원형, 동그라미

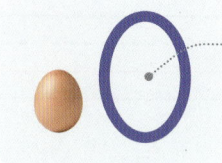
oval
계란형, 타원형; 계란형의, 타원형의

triangle
삼각형

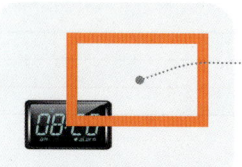
rectangle
직사각형

game
게임, 경기, 시합

find
찾다, 발견하다

picture
그림, 사진

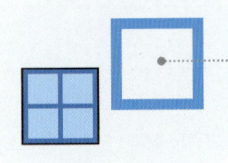
square
정사각형; 정사각형 모양의

diamond
다이아몬드, 다이아몬드 모양, 마름모꼴

heart
심장, 하트 모양

Good job!
잘했어! / 참 잘했어요!

# MEMO

# MEMO

# MEMO